Louis Perret



# Mon vieux Châtillon



## UNE PETITE VILLE SOUS L'ANCIEN RÉGIME

BOURG
IMPRIMERIE DU COURRIER DE L'AIN
18, RUE LALANDE, 18
1909

# Mon Vieux Châtillon





BOURG
Imprimerie du « Courrier de l'Ain »
1906

(*Extrait des Annales de la Société d'Emulation de l'Ain.*

Armes des Seigneurs de Chastillon
et de Montrevel

Party d'argent, et de gueules, au Lyon passant
de l'un en l'autre.
Cimier, un Chappeau de fleurs.
Supports, deux Lyons de gueules.

# Mon Vieux Châtillon



## BIBLIOGRAPHIE

### Ouvrages consultés

Charles Jarrin. — *La Bresse et le Bugey.* — Leur place dans l'histoire.
Bourg, Authier et Barbier. 1883-87. 4 vol. in-8°
T. I, liv. I, p. 187-192. — Les Sires de Bâgé.
T. I, liv. II, p. 300-314. — La Bresse annexée à la Savoie.

Guigue. — *Topographie historique de l'Ain*, ou notice sur les communes, les paroisses, etc.
Bourg. Cromier, 1873. 1 vol. grand in-4°.
Sur Châtillon : p. 91-92.

Lateyssonière — *Recherches historiques sur le département de l'Ain.*
3 vol. in-8. Bourg, T. III, p. 120.

C'est un ouvrage qui contient une grande quantité de renseignements en tous genres, mais disposés sans ordre aucun, au hasard des recherches et trop hâtivement, de sorte qu'il y a des erreurs et que beaucoup d'indications sont sujettes à caution.

## Sources imprimées

GUICHENON. — *Histoire de Bresse et de Bugey*, par Samuel Guichenon, advocat au Présidial de Bourg-en-Bresse.

A Lyon, chez Jean Antoine Huguetan. M.DCL.

1 vol. in-folio, en 4 parties :

V. 2e partie : Notice sur Châtillon, p. 38.

V. 3e partie, p. 117-119 : Généalogie des Sires de Châtillon.

Dans les Preuves :

Traité entre Philippe, comte de Savoie et de Bourgogne, et Sibille, dame de Baugé et de Bresse.

Tiré de la Chambres des Comptes de Savoie, p. 13-14.

Eschange du comté de Bennes en Piémont avec les seigneuries de Pont-de-Veyle et de Châtillon, érigées en comté.

Tiré de la Chambre des Comtes de Savoie, p. 132-136.

*Histoire de Savoie.* — Voir Testament de Sibille de Baugé, p. 150.

GUICHENON. — *Dessein de l'Histoire de la souveraineté de Dombes*, ou *Histoire manuscrite de Dombes.*

P. 91, Acte de donation de Robert l'Enchaîné de ses domaines à Guichard IV, sire de Baujeu...

Philibert COLLET. — *Explication des statuts, coutumes et usages observés dans la province de Bresse, Bugey, Valromey, Gex.*

A Lyon, chez Claude Carteron. M. DCXCVII.

1 vol. in-folio en cinq parties.

C'est l'œuvre d'un juriste. Ouvrage du plus haut intérêt, qui manque quelquefois d'ordre et de clarté. Certaines questions, celles des étangs de Bresse et de Dombes, du mariage, des successions, des impôts, y sont fort intéressantes.

GACON. — *Histoire de Bresse et du Bugey*, par M. Gacon, curé de Bâgé, écrite avant 1786, abrégée et mise en ordre par M. de Lateyssonière.

1 vol. in-8. Bourg, 1825. 398 pages.

J.-B. JAUFFRAY. — *Rollinde* ou *Rétablissement de Châtillon-les-Dombes*, texte et traduction. Poème en latin, par Philibert Collet.

Avec une notice sur Châtillon, par J.-B. Jauffray.

1 vol. in-8°. Bourg, 1844.

La notice est sans valeur documentaire, et le poème, qui peut avoir des qualités littéraires, n'a pas d'autre intérêt que de faire allusion à un épisode de l'histoire de Châtillon et d'être l'œuvre d'un « Châtillonnais ».

LA POPELLINIÈRE. — *L'Histoire de la Conqueste des païs de Bresse et de Savoye, par le Roy très chrestien.*

Par le sieur de La Popellinière.

Lyon, MDCVI. 1 vol. in-12.

SULLY. — *Les Economies royales*, publiées par Zeller.

Guerre de Savoie.

Petit vol. in-16, p. 63-152.

Louis ABELLY. — *La Vie du vénérable serviteur de Dieu Vincent de Paul, instituteur et premier supérieur général de la Congrégation de la Mission*, par Messire Louis Abelly, évesque de Rodez.

A Paris, chez Estienne Michallet, rue St-Jacques à l'Image St-Paul, près la fontaine St-Séverin.

M.DC.LXXXIV (2 vol.).

## Sources manuscrites

### A la Préfecture de Bourg

*Déclarations des biens des Communautés* (1666).
Registre. 114 folios.

*Mémoire sur le duché de Bourgogne,* écrit vers 1694-97. 164 folios.

Ces deux registres sont aux Archives départementales de l'Ain et non classés.

---

*Un parchemin,* remis par M. Jauffray et se rapportant à la consécration d'un autel en 1437.

---

*Obituaire des Capucins* de Bourg et de Châtillon-les-Dombes (non classé).

---

*Eglise collégiale de Châtillon.* Pièce énumérant les diverses fondations. G. 14, et G. 13.

---

**Archives municipales de la ville de Châtillon-les-Dombes,**

dont très peu de pièces sont classées actuellement.

---

*Extraict des Registres des délibérations faites en la Chambre de ville de Châtillon durant le Syndicat décennal de Antoine Guichenon et Jean-Louys Michaud.* Années 1645-1646.

1 vol. manuscrit in-folio, 174 f.

---

*Copie de la lettre du conseil royal accordant la mairie perpétuelle à Philibert Collet.*

*Série A. A. – 1-2-4.* — Relatifs aux privilèges de Châtillon, concédés par les sires de Savoie et par Henri IV.

*Série B.B. — 32.* — Conditions du bail à ferme du trézain.

Voir les indications aux titres des Pièces justificatives VI, VII, VIII, IX, X et XI.

*Série B.B.* — *40*. — Un vol. in-4°, manuscrit, 97 feuillets. Registre des délibérations du Conseil, de 1712 à 1715. P. 28 consacrée à l'*Etablissement de Charité* de Vincent de Paul.

*Série B.B.* — *51*. — Un vol. manuscrit, petit in-folio, 103 feuillets. Registre des délibérations du Conseil (1729-1732). — P. 41 : Réjouissances à l'occasion de la béatification de Vincent de Paul.

---

## A la cure de Châtillon

*Copie du Règlement de la Charité*, érigée à Châtillon-les-Dombes (diocèse de Lyon) par St Vincent de Paul le 8 décembre 1617.

Ce règlement existerait, paraît-il, en original à l'étude de M. Lacroix, notaire à Châtillon, où elle aurait été déposée comme minute lors de la fondation de la Société.

---

## Aux Archives Nationales

### Châtillon-les-Dombes

*Justice*. Z[2] 784—785.
*Terrier*. R[4] 1170—1189.
*Titres de propriété*. R[4] 970—996.
— — — 1045—1051.

*III° Classe. N° 4.*

Ain. — Arrondissement de Trévoux.
Canton de Châtillon-sur-Chalaronne.

*Plan d'un pré* situé paroisse de Romans, près Châtillon-les-Dombes, provenant de la maison d'Orléans.

## Vieux Donjons -- Vieilles Tours

Les vieux donjons debout sont de fermes vieillards
Que le temps de sa main lentement courbe et brise,
Et les lierres grimpants couvrant leur tête grise,
Comme une chevelure, à leur front sont épars.

Les vieilles tours debout sont comme des aïeules,
Vieilles, à bien compter, comme le bon vieux temps ;
On ne sait combien de fois elles ont cent ans,
Et d'un passé défunt elles subsistent seules.

Les autres ne sont plus, clochers, remparts, castels ;
Moins robustes, le vent des siècles les emporte,
Et d'une race éteinte ou d'une cité morte,
Ceux-là restent encore, courbés, ployés, mais tels....

Puisque tous les vieillards — grands-pères et grand'mères —
Connaissent des histoires à n'en pas finir,
Contez-nous, tours, donjons, et faites-nous ouïr
Vos contes d'autrefois et toutes leurs chimères.

L. P.

« Qui combat pour la Patrie et a soing du bien public est riche de vertus — et faisant aultrement ne peut estre rîche, non pas quand il posséderoit tout le monde, puisque les biens mondains ne sont que vents et périssables. »

« La liberté ne se doibt prendre qu'avec le sang. »

(Note trouvée à la couverture d'une pièce manuscrite des Archives municipales de Châtillon.)

« Liberté plus que vie ! »

(Alix, notaire royal, secrétaire.)

Décembre, 1629.

# INTRODUCTION

**Les premiers seigneurs de Châtillon. — Châtillon possession des Enchaînés de Montmerle, de la maison de Beaujeu, puis de celle de Baugé.**

§ I

Guichenon, dans son *Histoire de Bresse*, établit ainsi la généalogie des sires de Châtillon :

« Nous avons peu de familles en Bresse et Bugey « qui aient des témoignages plus anciens que celle-cy, « car, *en l'an 1070, vivait Milo, seigneur de Chastillon-« les-Dombes* qui d'Engetrulde, sa femme, eust trois « enfants :

« Humbert de Chastillon, chevalier seigneur de « Chastillon qui suit; Umberge de Chastillon; Bérard « de Chastillon, évesque de Mascon, duquel Paul de « Saint-Julien et Severt, en leurs « Evesques de Mascon », « ont descript assés amplement la vie et les actions, « sans avoir néantmoins sceu la famille. Il fit le voyage « de la Terre Sainte sous Godefroy de Bouillon et y « mena quelques uns de nos gentilshommes, de Bresse « et de Masconnois, et décéda en l'an 1120.

« — Humbert de Chastillon — Chevalier seigneur de Chastillon

« En l'an 1103, il quitta à l'Eglise de Cluny tous les

« droicts qu'il avoit sur l'obedienterie de Chaveyria, « par traicté faict à Berzé la ville en Masconnois en « présence de Bérard, évesque de Mascon son frère, « par lequel titre on apprend qu'Humbert de Chastillon « avoit eu à femme la fille de Bérard, seigneur de Lusy, « de laquelle il eust trois masles : « Hugues, seigneur « de Chastillon, mentionné ci-dessous ;

« Etienne de Chastillon, chevalier ;

« Guillaume de Chastillon, chevalier ;

« Il est mis présent à l'accord faict entre Raynald, « sire de Baugé, et l'église de Mascon en l'an 1149, avec « plusieurs notables gentilshommes.

## — « Hugonin de Chastillon — Chevalier- « seigneur de Chastillon

« Il est faict mention de luy et d'Etienne de Chastil- « lon, son frère, en un déguerpissement faict à l'église « de Mascon en l'an 1152 par Guy l'Enchaîné, chevalier, « Hugues et Guy l'Enchaîné et ses enfants, de tout ce « qu'ils avaient à Montgudin, où ces deux frères de « Chastillon sont donnés pour pleiges avec Raynald, « sire de Baugé, Hugues de Chavannes et Hugues de « Meyzéria, chevaliers. Il fut père de deux enfants qui « suivent :

« Guy de Chastillon ;

« Etienne de Chastillon, évesque de Die, que nous « avons mis au rang des saints personnages de Bresse. « Il se fit chartreux à Portes, en l'an 1181, d'où, par les « témoignages de piété qu'il y rendit, il fut tiré pour « estre évesque de Dye et sacré à Vienne en Dauphiné « en l'an 1208. Il mourut dans son evesché le 7 sep- « tembre 1213 ; il a été canonisé ; sa feste se célèbre en « l'Eglise le 26 juin.

— « **Guy de Chastillon — Chevalier**
« **seigneur de Chastillon**

« On voit aux archives de l'abbaye de Chassagne-en-« Bresse une donation faite de certains héritages à « l'abbé et à ses religieux par ce Guy, seigneur de « Chastillon, en l'an 1212, en présence d'Etienne de « Chastillon, évesque de Die, son frère.

« En l'an 1217, il donna à l'église de Saint-Pierre de « Mascon les mais de Layes et du Roy et tout ce qu'il « possédoit à Saint-Didier-d'Ouciat et à St-Martin-de-« Chastel.

« Sa femme s'appelait Alexie, sans autre surnom. Ils « n'eurent que deux masles : l'un appelé Jean, seigneur « de Chastillon, qui mourut sans enfants; il avoit esleu « sa sépulture à Cluny, et quitta à ce monastère le droit « de garde qu'il avoit au village de Chaveyria : ainsi « qu'il en appert par une notice de l'an 1244. Et l'autre « fils s'appeloit Ponce de Chastillon qui suit.

—« **Ponce de Chastillon, Chevalier et seigneur**
« **de Chastillon et de Montrevel.** »

« Celluy-ci, au mois de novembre 1251, donna au « prieur de la Platière de Lyon la portion qu'il avoit « es-dixmes de la paroisse de Condeyssia.

« Les enfants furent :

— « Raynald, ou Renaud de Chastillon qui sera men-« tionné cy-après.

— « Robert de Chastillon, chevalier, seigneur de Sé-« zilles et de Jalamondes qui fit branche.

— « Guy de Chastillon, chanoyne en l'Eglise de « Mascon.

— « Allix de Chastillon, religieuse à Neufville en l'an « 1277. »..... »

— Avec Ponce (1250), la famille des sires de Châtillon aurait cessé de posséder ce fief, car, à son fils et successeur, Guichenon ne donne plus le double titre de seigneur de Châtillon et de Montrevel, mais seulement celui de seigneur de Montrevel.

La descendance de cette famille se continue avec Renaud de Châtillon, chevalier, seigneur de Montrevel, fils de Raynald, et dont tous les enfants moururent en bas-âge.

Ainsi, à en croire Guichenon, qui semble s'appuyer sur des données certaines et parler en toute assurance, Châtillon aurait eu ses seigneurs particuliers. Il le dit en propres termes dans sa notice sur Châtillon : « Ce lieu a esté appelé ainsi à cause d'un chasteau très ancien qui s'y voit encore aujourd'huy (Castellio a Castello), lequel déjà en l'an 1070 avait ses seigneurs particuliers du nom et armes de Chastillon ». Et d'après la généalogie qu'il nous en trace, Châtillon aurait eu ses seigneurs jusqu'à Ponce.

Cependant nous tenons d'autre part qu'il n'en fut pas ainsi.

Dès le commencement du XII$^{e}$ siècle, nous trouvons Châtillon possession des Enchaînés, noble et puissante famille qui possédait plusieurs seigneuries considérables en Dombes, dans la Bresse et le Mâconnais, entr'autres la seigneurie de Montmerle, située sur le bord oriental de la Saône, entre Mâcon et Lyon.

Et c'est Guichenon lui-même, dans son *Histoire manuscrite de Dombes*, écrite plusieurs années après l'*Histoire de Bresse*, qui va établir la dépendance de Châtillon des Enchaînés.

« En l'an 1101, raconte-il, Robert l'Enchaîné, chevalier, ayant résolu de faire le voyage de la Terre Sainte, voulut se reconnaître des assistances et services qu'il avoit reçus de Guichard IV, sire de Beaujeu. Dans cette intention, il lui donna son chasteau de Montmerle et tout ce qu'il possédoit dans la châtellenie de Montmerle à *Chastillon-les-Dombes et au chasteau de Chastillon...* » et cela avec le consentement de sa femme qui se proposait de partir en sa compagnie ; après quoi il se mit en route pour la Palestine. Le sire de Beaujeu agréa ces dons et les remit aux enfants de Robert : Guillaume, Bertrand et Bernard l'Enchaîné — à charge de l'hommage. — L'acte de donation fut passé à Châtillon. Les principaux témoins furent : E. de Francheleins, H. et G. de Garnerans, H. de Misérieu, G. et A. de Misérieu, tous petits seigneurs du pays de Dombes (Voir Guichenon : *Histoire manuscrite de Dombes*, page 91.)

Ainsi — fait qui n'était pas encore à la connaissance de Guichenon lorsqu'il écrivit son *Histoire de Bresse*, — dès la fin du XI^e siècle, Châtillon appartenait aux Enchaînés. Comment en sont-ils devenus possesseurs ? Peut-être la femme de Robert était-elle fille d'un seigneur de Châtillon, ou bien (et c'est même une hypothèse fort plausible, car d'après Lateyssonnière, il y a quelques phrases d'anciens titres qui le font conjecturer), les seigneurs ou sires de Châtillon étaient simplement une branche de la famille des Enchaînés. (Lateyssonnière : *Recherches historiques sur le département de l'Ain*, T. II, p. 98.)

La seigneurie de Châtillon se trouvait resserrée entre celle de Villars à l'est et celle de Baugé au nord. Elle se composait seulement du château de Châtillon et de quelques villages environnants. Le château, au sommet d'un

CHATILLON-SUR-CHALARONNE

PORTE DE VILLARS, VUE EXTÉRIEURE

monticule, était la plus grande place forte de la Bresse ; son enceinte s'étendait large, flanquée de quatre tours massives, qui subsistent encore. Ses seigneurs, qui ne pouvaient pas mettre beaucoup d'hommes sous les armes, durent chercher leur sûreté derrière des murs épais, pour se mettre à l'abri des attaques de leurs puissants voisins ; cette précaution semble leur avoir réussi, car on ne trouve leur nom dans aucune des guerres de ce temps-là.

La seigneurie de Montrevel, à quelques lieues au nord, ne dut pas à l'origine faire partie de la seigneurie de Châtillon ; une alliance l'y fit probablement passer. Cette réunion, prétend Gacon, existait en 1070 (Gacon : *Histoire de Bresse et du Bugey*, page 115). D'après Lateyssonnière, elle ne serait que de 1250 ; ce dernier fait remarquer que Guichenon donne à Ponce le titre de seigneur de Châtillon et de Montrevel, tandis qu'il ne donnait à son prédécesseur que le titre de seigneur de Châtillon. (Voir la généalogie des seigneurs de Châtillon.)

Le village de Chaveyriat, à deux lieues au nord-est, était de la sirerie. Ce qui nous le montre, c'est un débat qui surgit vers 1103, entre Humbert, sire de Châtillon et l'abbé de Cluny. Humbert prétendait avoir des droits de juridiction sur le village de Chaveyriat, et d'autres droits ou coutumes sur ses habitants.

L'abbé de Cluny prétendit que Bérard de Luseis, beau-père d'Humbert, les avait cédés à son monastère. Bérard de Sandrans, homme âgé et prudent, fut choisi comme arbitre de cette contestation. Il attesta avoir entendu dire au seigneur de Luseis qu'il avait « abandonné ces mauvaises coutumes et exactions (1) » aux moines de Cluny, ainsi que le droit d'exiger un repas à Chaveyriat — et qu'il ne s'y était réservé que le droit de garde et celui de faire justice des malfaiteurs.

Il y eut un traité fait par suite de cette déclaration. Humbert de Châtillon se désista de ses prétentions et il fut convenu entre lui et l'abbé de Cluny que celui-ci aurait la moitié des amendes qui proviendraient des condamnations qui seraient prononcées par les officiers de justice du sire de Châtillon.

(Extrait par Gacon du Cartulaire de Cluny).

## § II

Voilà ce que comprenait la sirerie de Châtillon, qui, nous l'avons vu, passe en 1101 des Enchaînés aux seigneurs de Beaujeu, par la donation qu'en fait Robert l'Enchaîné. Mais il ne faut pas l'oublier, cette donation n'était pas totale, une concession de propriété. Cet acte ne donnait qu'un droit éventuel sur les propriétés et sur le château. Il est un exemple des usages les plus fréquents du Moyen-Age. Tel qui voulait, en des moments difficiles, s'assurer un protecteur en un seigneur puissant, lui donnait fictivement sa propriété ; le seigneur, immédiatement, la lui rendait, à charge de l'hommage et de le servir en guerre comme vassal. Le seigneur qui avait accepté le rôle de protecteur ne devenait véritablement,

---

(1) Le mot exaction a signifié jusqu'au XVII^e^ siècle perception de droits ou d'impôts.

Mauvaises coutumes, indique les droits onéreux.

Bonnes coutumes indique les exemptions des droits, les privilèges.

complètement, propriétaire du fief qu'à l'extinction de la famille le possédant.

La date de l'extinction de la famille des Enchaînés est inconnue ; l'on ne sait à quel moment les seigneurs de Beaujeu entrèrent en complète possession de Châtillon. Nous voyons seulement, très longtemps après l'acte de donation de Robert, les sires de Beaujeu se comporter en maîtres, faire reconstruire le château, agir en véritables propriétaires ; Châtillon est à ce moment devenu possession des sires de Beaujeu.

## § III

Mais, un événement va se produire quelques années après, qui vaudra à ce fief de changer encore une fois de maître — et le fera passer des sires de Beaujeu aux sires de Baugé.

En effet, le 15 janvier 1228, Sibille de Beaujeu, sœur d'Humbert V, sire de Beaujeu, se mariant à Renaud ou Raynald IV, sire de Baugé, Humbert donna en dot à la jeune épousée 500 marcs d'argent, 40 livres de rente en fonds de terre, et le « *chasteau de Châtillon-les-Dombes* ». Qu'étaient les nouveaux maîtres de Châtillon?

La seigneurie de Baugé était des plus anciennes ; ce fut la première en date et la plus considérable des petites souverainetés qui se formèrent en Bresse, à la fin du IXe siècle.

Une phrase de Fustailler nous rapporte brièvement l'origine de cette seigneurie : « Hugo, marquis de Bresse, eut de Louis le Débonnaire, pour loyer de ses services militaires, une abbaïe dédiée à Laurent, avec Bâgé, qui était de la juridiction de l'abbé — du consentement d'Idebald, évêque de Mâcon. Bientôt, il se déclara comte de Bâgé en 833. »

Les successeurs de Hugues avaient augmenté la puissance de sa maison et étendu son territoire. Durant de nombreuses années, il y eut des luttes fréquentes entre les seigneurs de Baugé et les peuples de la rive droite de Saône — lutte occasionnée par les empiètements des habitants de la rive droite sur la rive gauche ; par l'antipathie qui ne cessait de règner entre les peuples des deux rives, peut-être de races différentes — ; lutte enfin rendue aiguë, par les revendications des évêques de Mâcon protestant de ce qu'un bien d'Eglise avait été concédé à Hugues un laïque, au mépris des canons. Dans cette querelle, les petits propriétaires d'alleux avoisinant Bâgé se mirent sous la protection de ses seigneurs et s'annexèrent, se groupant — pour résister aux empiètements des gens d'outre fleuve — autour d'une famille militaire qui s'était distinguée dans les guerres du grand empereur contre les païens — ; querelle interminable, qui valut aux premiers sires de Baugé beaucoup de popularité, et contribua à l'agrandissement de leur fief.

En 1228, nous voyons la seigneurie de Baugé — appelée souvent marquisat de Bresse — comprendre, outre sa capitale Baugé : « les villes de Bourg, Saint-Trivier, Pont-de-Veyle, Cusery, Mirebel et tout le pays qu'on appelle aujourd'huy Basse-Bresse et Dombes, depuis Cusery jusqu'aux portes de Lyon, et depuis Baugé jusqu'à Bourg. » (Guichenon.)

Puissante terre qui digne d'un « roytelet, seigneurioit absolument comme une souveraineté. » La seigneurie de Baugé présente un caractère rare, à une époque où quantité de seigneuries se formaient par de simples juxtapositions de territoires groupés sans liens, par accaparements ou donations.

Par la possession de Saint-Laurent sur la Saône, elle domine le fleuve, elle est maîtresse du seul débouché, qu'avaient alors les produits des petits bassins féconds des rivières de Veyles, Reyssouze, Chalaronne. Les villages de ces bassins étaient, par là, dans sa dépendance, et par là aussi, la seigneurie n'était pas une œuvre factice : il y avait en elle un élément homogène : l'identité d'intérêts.

Aussi, lorsque en 1228, Humbert V donna en dot à sa sœur Châtillon, situé sur la rivière de Chalaronne, le sire de Baugé fut-il très satisfait, et il se hâta d'accepter une place qui, logiquement, par sa position, rentrait dans le domaine de Baugé, et en assurait la totalité.

# CHAPITRE PREMIER

## Châtillon passe de la maison de Baugé à celle de Savoie.

### § 1er.

### Les derniers sires de Baugé.

Raynald IV, le nouveau maître de Châtillon, fit, après 1249, le voyage de Palestine et c'est là qu'il mourut. Il laissait six enfants dont trois filles. Quant à Sibille de Beaujeu, sa veuve, elle se remaria à Pierre de Brancion, surnommé le Gros, puîné d'une très puissante famille du Mâconnais. Elle mourut en 1265, et fut ensevelie dans le cloître de Saint-Vincent de Mâcon.

A Raynald IV succéda son fils Guy XV qui, lui, n'eut qu'une fille : cette fille devait être Sibille de Baugé, le dernier représentant des sires de Baugé.

Mais outre Guy XV, Raynald avait eu deux autres enfants : Raynald et Alexandre. — Raynald, qui était seigneur de Saint-Trivier-de-Courtes, de Cuisery, de Sagy, mourut postérieurement à 1255 et sans avoir fait de testament.

La moitié de sa succession appartenait à Alexandre son frère cadet. Alexandre de Baugé, troisième fils de Raynald IV, avait été destiné d'abord à la vie religieuse et était ensuite rentré dans le monde. Il mourut en 1266, ne laissant pas d'enfants. Ses biens auraient dû revenir à Guy XV. Mais Alexandre, que son séjour du reste assez court dans l'Eglise, avait mis en rapports avec Philippe de Savoie, archevêque de Lyon, n'avait pu résister à l'influence de ce personnage, et, par un testament du mois de novembre 1266, il avait cédé à ce prince ses droits sur les seigneuries dont il avait hérité de Raynald et sur le reste de sa succession personnelle, l'instituant ainsi son héritier au préjudice de Guy.

Dès lors, la ville de Bourg et son mandement, les seigneuries de Saint-Trivier-de-Courtes, Cuisery et Sagy, devinrent indivises entre Guy, sire de Baugé et Philippe Savoie. Le marquisat de Bresse commençait à se morceler et à passer à la maison de Savoie.

Philippe avait été voué par sa famille à l'état ecclésiastique. Poussé par des idées de fortune, de gloire, en même temps d'une grande habileté, il put y déployer les ressources de son esprit ambitieux et insinuant. Comme guerrier, il se dévoua à la défense du pape Innocent IV.

Il devint primicier de l'Eglise de Metz, prévôt de celle de Saint-Donatien de Bruges, évêque de Valence, gouverneur du patrimoine de Saint-Pierre, grand gonfalonnier de l'Eglise, enfin archevêque de Lyon. Il possédait même des bénéfices en Angleterre. Il faut dire que Philippe n'était pas lié aux ordres. Le pape Innocent IV l'avait autorisé à cumuler les revenus de ses bénéfices et de ses dignités. Il devait les quitter en 1267 pour épouser Alix comtesse de Bourgogne.

C'est à ce moment que l'archevêque de Lyon devient chef de la maison de Savoie. Pierre, comte de Savoie, sentant sa fin approcher, fit son testament le 6 mai 1268, prenant Philippe pour héritier universel. Un mois à peine après la confection du testament, Pierre mourait et Philippe lui succédait.

Tel était le personnage qui, à force d'habileté, était parvenu à dominer Alexandre au point de s'en faire léguer ses biens, et qui dès lors, de concert avec Guy XV, restait possesseur de la seigneurie de Baugé.

## § II

## Sibille de Baugé

Mais voici que cette même année 1268, Guy meurt. Il ne laissait qu'une fille Sibille de Baugé, qu'il avait eue de sa femme la dauphine de Lavieu, d'une ancienne famille du Forez.

Sibille de Baugé avait dû naître en 1255, car, dans son testament, qui est du 5 avril de ladite année, Guy XV avait institué son héritier universel le posthume qui naîtrait de la dauphine.

Philippe de Savoie, voyant la seigneurie de Baugé tomber entre les mains d'une enfant de treize ans, immédiatement reprend son système d'insinuation, de pénétration. Il manœuvre si bien qu'il se fait nommer l'administrateur de ce qui restait du fief de Baugé à Sibille. et déclarer tuteur de la jeune princesse.

## § III

## Mariage de Sibille de Baugé avec Amé IV duc de Savoie

Les efforts de Philippe ne devaient pas s'en tenir à ce résultat. Ce prince recueillit en 1272, le fruit de sa persévérante politique en mariant sa pupille avec Amé de Savoie son neveu.

Ce mariage est un des faits les plus importants de l'histoire du pays ; il marque la fin de la seigneurie de Baugé et son incorporation à la maison de Savoie.

L'union de Sibille avec Amé fut célébrée dans le château de Chillon, « le mardi après l'octave de la feste de Saint-Jean de l'année 1272. » Ce fut Aymon IV, évêque de Genève, qui donna la bénédiction nuptiale.

Sibille de Baugé étant mariée, Philippe de Savoie avait à rendre compte de sa tutelle et, d'autre part, à assurer ses intérêts en Bresse. Aussi, quelques jours après le mariage, le 12 juillet de la même année 1272, Philippe comte de Savoie et Sibille de Baugé, autorisée par Amé de Savoie, son mari, firent un traité par lequel Sibille céda à Philippe tous ses droits sur le château et la ville de Bourg-en-Bresse et sur le château et mandement de Châtillon-les-Dombes. Cette concession était pour lui tenir lieu des droits qu'il avait sur la terre de Baugé, et en vertu desquels les fiefs de Baugé étaient indivis entre lui et Sibille. L'acte passé entre les deux héritiers devait rompre cette indivision. Dans le même acte, Sibille reconnut que Philippe, son tuteur, lui avait rendu un compte exact des revenus qu'il avait perçus pour elle durant sa tutelle, et lui donna une décharge de cette gestion. Ce traité fut passé au château de Chillon, en présence de l'évêque de Genève et de l'official qui y mirent leurs sceaux.

(En voir l'acte, pièce justificative, tiré par Guichenon de la Chambre des Comtes de Savoie. Voir page 182, pièce justificative I).

Ainsi finit la Seigneurie de Baugé. Désormais, elle appartient complètement à un prince de Savoie, et en particulier Châtillon-les-Dombes, qui est bien propre de Philippe de Savoie

Après le décès de ce prince, Châtillon revint à Amé IV son neveu et successeur. Ce dernier ne tarda pas à aimer beaucoup le pays de Châtillon, accidenté, agréable avec sa vallée allant de l'est à l'ouest. Aussi fit-il, pour l'embellissement de ce lieu, bâtir une ville au pied du château sur la rivière même de Chalaronne. Un commerce actif s'y développa bientôt, grâce à la position géographique de la ville et grâce aussi au séjour en cet endroit d'un grand nombre de juifs, gens très commerçants.

Dès 1272, Philippe de Savoie avait donné à Châtillon ses premières franchises, jeté les fondements de l'église de Saint-André, commencé la construction des remparts et tours de la ville. Pour subvenir aux frais de ces entreprises, il donna à Châtillon le revenu des octrois, et permit aux syndics et aux habitants de lever pour le droit du vin, le vingtième de la valeur de chaque pièce. Le poète châtillonais Philibert Collet a célébré ce bienfait du comte Philippe :

*Conditor ingrata non illaudatus abibis*
*Urbe, Philippe, tua, cujus monumenta manebunt,*
*Templa tuis Andreæ donis nam ardua surgunt*
*In cœlum sacris, humilem dispectus in urbem*
*Undè patet, circumque agros, et longus inortus*
*Et fines Calaronna tuos..... (1)*

Ces différentes constructions furent longues. Plusieurs prélats et seigneurs y contribuèrent par des donations; grâce à la libéralité des ducs et surtout à celle d'Amé V, surnommé le comte Verd, Châtillon se développa rapi-

(1) Philibert Collet : *Poème de Rollcinde.*

dement et devint un des plus importants centres du pays de Bresse.

Les princes de Savoie ne cessèrent d'affectionner et de favoriser ce lieu, et, pendant le cours du XVe siècle, très souvent son château fut habité par eux.

C'est à Châtillon, qu'en 1409, Amé VII de Savoie reçut l'hommage de Philippe de Bourbon comte de Clermont, et l'année suivante, il y fit dresser les statuts de l'ordre de l'Annunciade, institué par le comte Verd son aïeul.

Durant près de trois siècles, Châtillon devait appartenir à la puissante famille à qui elle était redevable de son agrandissement, de ses privilèges, accordés successivement par Edouard et Aymon et renouvelés en 1321, par Amé V.

# CHAPITRE DEUXIÈME

## La conquête française.

### § I

### La première conquête française.

Au xvi$^{e}$ siècle, il se produit en France toute une série de grands événements auxquels notre petit pays de Bresse s'est trouvé mêlé, et dont il a subi toutes les vicissitudes.

La fin du xv$^{e}$ siècle avait vu commencer la compétition de l'Espagne et de la France, en Italie. Charles VIII avait élevé ses prétentions au royaume de Naples, revendiquant les droits que la maison d'Anjou avait abandonnés à Louis XI sur ce royaume. Louis XII, comme petit-fils de Valentine Visconti, y ajouta ses prétentions sur le Milanais, usurpé par les Sforza, et ces prétentions entraînèrent successivement Charles VIII, Louis XII, François I$^{er}$, dans des expéditions brillantes, mais souvent inutiles, en Italie, jusqu'au moment où Charles-Quint, se montrant, revendiqua à son tour ses droits. Ce dernier tient de sa mère Jeanne-la-Folle, l'Aragon, la Castille, les Deux-Siciles, et de son père Philippe-le-Beau, fils de l'empereur Maximilien et de Marie de Bourgogne, les domaines de la maison de Bourgogne et ceux de la maison d'Autriche. C'est un puissant voisin, qui s'attribue la domination de l'Italie, et refuse d'admettre aucun compétiteur au partage. La lutte s'engage, François Ier est battu et fait prisonnier à Pavie (1525) ; le traité de Cambrai 1529 marquait la prépondérance de l'Espagne sur l'Italie, le roi de France livrant ses alliés italiens et abandonnant ses prétentions.

C'est à partir de ce moment que la Savoie renonce à l'alliance française. Mais, quelques années après, une mauvaise action de l'empereur rompt le traité. Sur les instances de Charles-Quint, le duc de Milan, au mépris du droit des gens, fit saisir et exécuter dans son cachot un envoyé français, Merveille.

François Ier se préparait à passer les Alpes pour venger cet outrage quand le duc de Milan mourut (1535). Il remit aussitôt en avant ses prétentions au Milanais, et, pour en faciliter la conquête, pensa d'abord à s'emparer des Etats du duc de Savoie, Charles II. Ce dernier, qui était beau-frère de Charles-Quint, avait d'abord été notre allié, et, comme nous venons de le voir, au traité de Cambrai, s'était tourné du côté de l'Espagne. François jugeait que, maître des Etats de Savoie, par cette position, il tiendrait en échec la domination espagnole en Italie : le Piémont est la clef des Alpes. Du reste, il se croyait des droits au duché de Savoie, se recommandant de ceux de sa mère Louise de Savoie, qui était sœur de Philibert-le-Beau, issue du premier lit de Philippe II, duc de Savoie — et considérant comme un usurpateur Charles II, qui avait pris possession de l'héritage, et était, lui, né d'un second lit.

Jusqu'à ce moment, le roi François n'avait pas pensé à faire valoir ses droits. Mais la désertion à la cause française de Charles II, qui, déjà auparavant, après la bataille de Pavie, avait été un des premiers à féliciter l'empereur Charles-Quint de sa victoire, indisposa fort François Ier et le décida à agir. Aussi, lui déclare-t-il la guerre, à Lyon, le 11 février 1536; une armée, commandée par l'amiral Chabot, entre en campagne; la lutte est de courte durée, les pays envahis offrant peu de résistance; en quelques jours, Bresse, Bugey et Piémont sont occupés.

Aussitôt, le roi François veut assurer à la France l'incorporation des pays conquis. Des commissaires sont envoyés, pour recevoir des habitants, des gouverneurs des villes, chateaux et communes, leur serment de fidélité au Roy, pour les tenir en obéissance, et pour administrer la justice en son nom. Ces commissaires délégués furent Jean de la Baume, comte de Montrevel, et Jacques Godran, conseiller au Parlement de Dijon. Ils purent remplir leur mission sans difficulté, et en dressèrent des procès-verbaux pour chaque ville et chef-lieu de mandement ou canton. Ils opérèrent d'abord à Montrevel, puis à Bourg, à Treffort, Montdidier, Jasseron, Montluel, Miribel, Bâgé, Saint-Trivier-de-Courtes, Châtillon-les-Dombes. De plus, les listes et rôles des vassaux tenant-fiefs ou arrières-fiefs furent dressés, leur nombre et leurs noms étant portés. Nous avons par le procès-verbal de la réduction des pays de Bresse, Bugey, Valromey, à « l'obéyssance du Roi François Ier », l'indication des vassaux tenant-fiefs de la Châtellenie de Châtillon. Ils sont au nombre de quatorze : Messieurs de l'Abbergement, de Tyret, de Sandrans, de Romans, de Chatanay, seigneur de Béost, de la Féole, de Lordre, de Bércins, de Bioley, de la Chassagne, du Bessoy, Aymé Grillet, Claude Marmont, de Bâgié, d'Espey.

Les commissaires exigèrent ensuite la présentation de

l'état des fonds se trouvant alors dans les caisses des villes (d'après lequel état il fut fixé, pour Châtillon, que le profict du Roy valloit 375 florins), la présentation du tableau nominatif et financier des abbayes, des bénéfices, qui nous apprend que Châtillon n'avait alors qu'une chapelle et était de la paroisse de Buenens, située à une demi-lieue vers l'est.

Ces mêmes délégués confirmèrent enfin provisoirement le mode d'organisation et d'administration de la justice, les gages et émoluments des fonctionnaires et employés.

En l'année 1541, le roi de France vint visiter sa conquête. Il se rendit à Bourg et y séjourna plusieurs jours. Il y revint une seconde fois en 1546.

Que faut-il voir dans ce procédé de François I^er^, d'envoyer en Savoie une commission chargée de recevoir les serments de fidélité et d'assurer provisoirement l'administration du pays ? Est-ce un acte de tolérance, dans le but d'établir des liens de sympathie et d'attachement ? Nullement : ce n'est qu'un procédé de la force, destiné à assurer par voie administrative la conservation d'une conquête faite par les armes, et à imposer au nouveau pays, une nouvelle domination. Bresse et pays d'alentour semblaient à l'époque avoir leur lien d'attachement et retrouver leur élément d'unité, non avec la France, mais avec un pays que pourtant une configuration géographique, le rempart des Alpes, paraissait bien détacher. Et ce même pays savoisien qui, trois siècles plus tard, s'incorporera si naturellement à la France, considère sa réduction comme une œuvre de violence et reste de cœur à ses ducs. Il n'y a pas eu consultation du pays, mais imposition de gouvernement. Du reste, avec François I^er^, la monarchie se montre absolue et avec lui se légitime le moyen de conquête à coups de canons qui sera celui des règnes suivants. François est souverain chez lui ; les grands ne font plus opposition; il gouverne la province par des agents à lui : gouverneurs, baillis, sénéchaux.

Dans chacune des provinces frontières ou nouvellement annexées, le roi se fait représenter par un gouverneur et lieutenant général qui, muni de tous pouvoirs assure le maintien de la possession nouvelle. Le Piémont et la Savoie se virent mis entre les mains d'un de ces personnages.

A ce moment, les deux adversaires, François Ier et Charles-Quint, se sentirent fatigués de la lutte et signèrent en 1538, la trêve de Nice. Chacun d'eux gardait ses conquêtes, et le duc de Savoie, sacrifié, se voyait dépouiller de ses Etats par la France.

Mais le pays ne tarda pas à se montrer peu satisfait de la domination française. Des difficultés financières se produisent à la cour de France. Les nécessités d'une administration compliquée ; les guerres interminables, les dépenses croissantes de la cour, les prodigalités du roi exigeaient des sommes considérables. Pour faire face aux dépenses, la royauté dut trouver des ressources nouvelles. Elle accrut démesurément les anciens impôts ; François Ier porta la taille de 7 à 16 millions de livres tournois (1), augmenta la gabelle et les aides, et établit des impôts extraordinaires.

On a vu la commission envoyée en Bresse par François Ier fixer, pour Châtillon, le profit du roi à 375 florins (2).

(1) En notre monnaie : 60 millions de francs.

(2) Le florin avait à peu près la moitié de la valeur de la livre : soit environ 2 à 3 francs.

Aussi les augmentations d'impôts mécontentent les populations. La méfiance générale est, d'autre part, excitée par les entreprises du roi de France qui, craignant un retour offensif du duc de Savoie, fait réparer les fortifications de Bourg, baisser les tours, démolir les maisons qui touchaient à l'enceinte, créer des boulevards et des bastions (1). François Ier, par ces constructions, inaugurait le système de la défense par les places fortifiées. Les habitants de la Bresse restaient profondément attachés de cœur à la maison de Savoie et la domination absolue de François Ier, ses charges financières, n'étaient pas pour lui faire oublier le gouvernement modéré et bienfaisant des ducs, qui avait valu à chaque fief un peu d'indépendance et de prospérité.

En 1547, François Ier meurt. La fin de son règne n'a pas vu la réalisation de ses grands projets en Italie. Il avait renoncé à Naples par le traité de Crespy (1544); mais il gardait comme compensation le Piémont et la Savoie.

A François Ier succède Henri II, qui, l'année même après son avènement, vient à Bourg.

Avec Henri II la lutte se continue contre Charles-Quint. L'alliance du roi de France avec les Turcs et les protestants d'Allemagne lui permit de conquérir les trois évêchés : Metz, Toul, Verdun. La Savoie et le Piémont valaient mieux que Naples et Milan : ces solides avantages furent confirmés à la trêve de Vaucelles (5 février 1556).

Les mouvements et les intrigues du parti opposé aux Français dans le pays ne restèrent pas sans résultat. Dès 1557, Emmanuel Philibert cherchait à recouvrer ses Etats confisqués par la France : il envoya en Bresse une armée

(1) A. Chagny. Bourg-en-Bresse au temps de la domination savoisienne, Bourg, 1906, p. 19.

de 12.500 hommes, sous les ordres d'un Allemand, le baron Polwiller. Celui-ci se présenta inopinément devant Treffort, d'où il lança un manifeste pour rallier les habitants de notre pays à la cause de leur « légitime souverain » ; puis, il s'élança rapidement contre Bourg et vint camper le 12 à la Sardière, le lendemain sous les murs de la ville. Par bonheur la garnison, avec ses renforts de Gascons et de Bourguignons, effraya Polwiller qui, après avoir bombardé le quartier de la Halle, prit le chemin du Revermont (1).

Malheureusement beaucoup d'abus se manifestaient à la cour de France, Henri II a les défauts de son père sans avoir ses qualités. Il laisse tout pouvoir à Diane de Poitiers, qu'il crée duchesse de Valentinois, au connétable de Montmorency, à son favori Saint-André, enfin à la famille de Guise. Il y eut une immense curée de places, d'honneurs et de biens. En quelques semaines, le roi depensa 400,000 écus trouvés dans les coffres de son père.

« Il n'y avait, dit un contemporain, que les portes de Montmorency et de Guise pour entrer en crédit. Tout était à leurs neveux ou alliés : maréchaussées, gouvernements de province, compagnies de gens d'armes, rien ne leur échappait. Il ne leur échappait, non plus qu'aux hirondelles les mouches, état, dignité, évêché, abbaye..., office, ou quelque autre bon morceau qui ne fût incontinent englouti, et avaient, pour cet effet, en toutes parties du royaume, gens apostés et serviteurs gagés, pour leur donner avis de tout ce qui mourrait parmi les titulaires des charges et bénéfices.,. »

C'est dans ces conditions que, en 1555, des commissaires sont envoyés pour aliéner les villes et châteaux du

(1) A. Chagny. Op. cit., p. 34.

domaine de Bresse et Bugey. Plusieurs seigneuries furent vendues, entr'autres celle de Châtillon, qui fut aliénée, le 13 juillet de ladite année 1555, à Estienne de la Forge, escuyer, seigneur de Chaliouvres en Dombes.

Ce seigneur devait en jouir fort peu de temps, car en 1559, Henri II conclut le traité du Cateau-Cambrésis, appelé la paix malheureuse, qui stipulait la restitution des conquêtes précédentes.

A Charles-Quint, qui avait abdiqué, las de lutter, avait succédé Philippe II. Le désir de complaire au pape Paul IV, ennemi de Philippe II, détermina Henri II à rompre avec le nouveau roi d'Espagne.

Mais le désir d'exterminer des hérétiques qui commençaient à pulluler dans son royaume le poussa, après la défaite de Saint-Quentin (1558) à demander la paix aux Espagnols.

Ce fut le traité du Cateau-Cambrésis. Ce zèle oûtré pour la foi coûta, à Henri II, 198 places fortes qu'il dut rendre. L'Italie passa sans recours sous le joug de l'Espagne.

De cette longue lutte l'Espagne sortait la plus forte. La frontière de l'Italie restait aux mains de l'étranger et c'était un échec pour la France.

La maison d'Autriche est aussi redoutable à la fin qu'au commencement de la lutte.

La France rendit à Emmanuel-Philibert, la Savoie, le Piémont, le Bugey, la Bresse. On fit pourtant exception de Turin et des quatre villes fortes du Piémont : Quiers, Pignerol, Chivas et Villanova, que les Français voulurent garder comme les clefs de l'Italie et comme gages jusqu'au règlement de la succesion de Louise de Savoie. Moyennant ces réserves, Henri II abandonna pour toujours, et de la manière la plus expresse, les droits prétendus de la couronne de France sur Milan et sur Naples. L'ère des guerres d'Italie était fermée.

Châtillon se trouvait compris dans la rétrocession. Le sieur de la Forge fut dépossédé de son fief, conformément à un article du traité de Cateau-Cambrésis qui cassait toutes les aliénations faites en Bresse et en Bugey par le roi Henri II. Un dédommagement lui fut assigné sur la recette générale de Lyon.

Ainsi, après être reste vingt-quatre ans sous la domination de la France, Châtillon faisait retour à la maison de Savoie. Le 15 octobre 1559, Emmanuel-Philibert rentrait solennellement dans Bourg et reprenait possession de ses domaines.

## § II

## Châtillon érigé en comté est donné par échange au comte de Bennes

Deux ans plus tard, l'état de Châtillon devait encore être modifié.

Le duc de Savoie avait grand désir de posséder le comté de Bennes, situé en Piémont et appartenant à Jean- Louis Coste. Pour l'acquérir, il érigea Châtillon en comté en y adjoignant le mandement de Pont-de-Veyles, et ce comté, il l'échangea contre le fief de Jean-Louis Coste. Ce Coste était, d'après Guichenon, d'une ancienne et noble famille de Piémont.

L'érection en comté fut faite par lettres datées du 26 juin 1561, et le même jour l'échange eut lieu. Le comté de Châtillon était donné avec la totale justice et tous les droits réels et honorifiques évalués à la somme de 346 écus d'or d'Italie. Le duc se réservait seulement le pouvoir suprême.

Cette transaction ne se fit pas sans difficulté. Il n'y avait dans le contrat d'échange aucune clause relative aux privilèges accordés antérieurement aux habitants de Châtillon. Aussi, lorsque Jean-Louis Coste voulut prendre possession de son fief, la population fit résistance, et ce n'est qu'en 1563 qu'elle renonça à toute opposition, moyennant la promesse faite le 15 juin de ladite année par le comte Bennes de maintenir Châtillon dans ses franchises et privilèges.

Jean-Louis Coste mourut en 1576. Il fut enterré dans l'église de Châtillon-les-Dombes, où sa tombe portait cette épitaphe :

I

Atropos Chimère par trop furieuse
Oiant mon los bruiant en fut envieuse.
Regardant qu'en vertu tous aultres passois,
Et en ma noblesse vestiges laissois,
De soudard venimeux un assaut me livra
Incontinent et mon âme du corps délivra.

II

Au tombeau la masse corporelle demeure,
Cy gisant, en a été mise en sépulture,
Or, prions Dieu que l'âme de ce val vicieux,
Soit en un moment poussé jusques aux cieux,
Tant que pénétrer puisse en la félicité,
Aux bienheureux promise en l'éternité.

Jean-Louis Coste laissait deux fils et deux filles. L'aîné des fils s'appelait François Coste. Il hérita du comté ; en 1590, il mourait sans avoir d'enfant, laissant ses biens à son frère Alexandre. Mais sa veuve, Charlotte de la Chambre, éleva ses prétentions à l'héritage de son mari et réussit à se faire adjuger le comté par le Sénat de Chambéry. Peu de temps après, s'étant mariée avec Christophe d'Urfé, seigneur de Bussy, elle transmit ce domaine à la famille d'Urfé. Christophe, de mœurs prodigues, contracta des dettes considérables, si bien que, à sa mort, en 1615, ses créanciers dont le seigneur de Beyvier était un des principaux, mirent ses biens en vente. Le comté de Châtillon fut adjugé à François de Bonne, seigneur de Lesdiguières, maréchal de France. Le seigneur de Lesdiguières eut une fille, Françoise de Bonne, duchesse de Créquy, qui hérita du domaine paternel. Jusqu'en 1645, Châtillon devait appartenir à cette famille.

Le registre des délibérations de la ville, de l'année 1632-1633, notifie l'envoi d'une députation à Pont-de-Veyle, pour saluer de la part de la ville, Madame la duchesse de Lesdiguières qui se trouvait de passage.

## III

## La deuxième conquête française.

Cependant, de nouveaux événements étaient venus agiter la France, au cours desquels la deuxième conquête française s'était faite des pays de Bresse et environnants.

La première moitié du XVIe siècle a vu Luther et Calvin, les prédicateurs de la religion réformée, et la tentative de contre-réforme du Concile de Trente.

La bataille des idées religieuses se livre de toutes parts. Après la longue lutte italienne entre Autriche et France, c'est la rivalité acharnée de deux camps religieux, luttant sans trêve ni merci, à coups de prédications, de conciles, de bulles, de livres, en attendant de le faire par les armes qui, grâce à l'obstination des deux partis, devinrent seules capables de trancher le différend. La France, placée au centre de l'Europe, fut le champ de combat où se rencontrèrent, au XVIe siècle, les partisans des deux religions.

La régence de Catherine de Midicis — une régente étrangère, — les règnes de Charles IX, Henri III, princes jeunes et incapables ou corrompus, n'ont pas l'autorité nécessaire pour maintenir les partis et sont ensanglantés par les assassinats, les coups de force. La lutte en Franee devient grave, prend un caractère politique, lorsque, Henri III règnant et n'ayant pas d'enfant, on dut s'attendre à la fin de la dynastie des Valois et au passage de la couronne de France à Henri de Bourbon, roi de Navarre, à qui elle revenait. Son droit était incontestable; on ne pouvait lui opposer que sa religion : il était hugenot. La majorité catholique se refusait à reconnaître ce prétendant et allait jusqu'à préférer un changement de dynastie en faveur du duc de Guise, le chef du parti orthodoxe, ou même en faveur du roi d'Espagne, Philippe II, qui s'était fait en Europe le champion du catholicisme et qui le soutenait activement en France.

Une ligue puissante s'organisa pour combattre l'avènement prochain du prétendant huguenot.

En 1589, Henri III est assassiné, et sa mort donne la couronne à Henri de Bourbon. Ce dernier entreprend la conquête de son royaume ; les victoires d'Arques et Ivry l'amènent sous les murs de sa capitale et alors, comprenant qu'il ne parviendrait pas à régner sur un pays catholique en restant protestant, il cède aux besoins de son peuple et abjure (1593). L'année suivante, il entre dans Paris; les ligueurs traitent et se soumettent. Philippe II, qui avait manqué la couronne de France essaya de se dédommager en prenant quelques provinces ou places fortes ; mais la victoire de Fontaine-française (1595) et la reprise d'Amiens (1597) détruisent ses dernières espérances. La paix est signée à Vervins où, à son tour, l'Espagne recule. C'en est fait de sa suprématie. Elle sort épuisée de la lutte ; la moitié des Pays-Bas s'est révoltée, vient de lui échapper et s'est constituée en République ; l'Angleterre lui dispute l'empire des mers, depuis l'insuccès de l'Invincible Armada. La France, qui avait pendant quarante ans subi son influence, allait s'attacher à précipiter sa ruine et saisissait la prépondérance que l'Espagne laissait échapper de ses mains défaillantes. Quant au protestantisme, que Philippe II a si vivement combattu, il obtient peu après (édit de Nantes 1598), droit de cité en France et ainsi se trouve vaincue la cause si chère au souverain espagnol : l'unité religieuse.

Par le traité de Vervins, les limites des deux royaumes furent rétablis sur le pied du traité du Cateau-Cambrésis.

La paix à l'intérieur, la paix religieuse, étaient assurées en France.

Durant ces événements, quelle avait été l'attitude du duc de Savoie? Charles-Emmanuel, depuis le traité du Cateau-Cambrésis qui lui avait rendu ses Etats, était resté attaché à la cause capagnole. D'accord avec Philippe II, il avait soutenu la ligue ; par une politique toute personnelle, il avait travaillé moins pour le principe que pour son propre compte et avait profité des embarras où se trouvait le roi de France pour s'approprier le marquisat de Saluces. C'était un prince intrigant « qu'on disait estre de nature, de nourriture et d'instruction ambitieux et avoir accreu le désir de ses avancemens sur un assez favorable succez de quelques petits accidens, et s'estoit laissé enlever à de haultes fantaisies, par le plaisir des flatteuses louanges qu'aucuns des siens luy donnoient (1) ».

Lorsque Henri IV fut maître de la Ligue, Charles-Emmanuel employa toutes les ruses pour conserver le marquisat; mais ses manœuvres ne firent qu'irriter le roi de France qui eut recours aux armes. Une première campagne fut commencée par Lesdiguières; la paix de Vervins arrêta les hostilités.

Le traité de Vervins stipulait la restitution du marquisat de Saluces; mais le duc de Savoie chercha, en traînant les choses en longueur, à en conserver la possession. Il annonça au roi de France sa visite à Paris, et, pendant qu'il préparait son équipage pour le voyage, il faisait travailler aux fortifications de ses places, tant de Savoie que de Bresse, y amassait des vivres, armes et munitions, et envoyait secrètement des ambassades en Espagne et à Rome pour s'assurer leur concours. Le roi, ayant appris ces agissements par lettres de son maréchal Lesdiguières, prit à son tour ses dispositions en vue d'une lutte prochaine.

Il nomme Sully grand maître de l'artillerie — arme qui se trouvait en piteux état et à la réorganisation de laquelle il travaille activement. En l'année 1599, Sully, étant installé à l'arsenal reçut du roi avis de l'arrivée du duc de Savoie. Celui-ci passe par Lyon, où on lui fait démonstration de courtoisie et de civilités, et atteint Paris. Sur la recommandation du roi, Sully le reçut et

(1) La Poppelinière. *Conqueste du Pays de Bresse*, p. 81,

le « traita » à l'Arsenal, en compagnie des principales dames et des seigneurs de la cour. Sully lui montra ses ateliers. Au cours de cette visite, « lors voyant quelque quarante affûts et rouages esquels on travailloit, vingt canons nouvellement fondus, et des provisions et préparatifs pour en fondre encore autant, il demanda ce que c'est que l'on vouloit faire de tant d'artillerie nouvellement fondue. Sully luy répondit en riant : « Monsieur, c'est pour prendre Montmélian » (1). Lors il demanda : « Y avez-vous été ? — Non, monsieur. — Vraiment je le vois bien, répondit-il, car vous ne diriez pas cela ; Montmélian ne se peut prendre. — Bien, bien, monsieur, dites-vous, je vous en crois, néantmoins ne mettez pas le Roy en cette peine ! S'il me l'avoit commandé, j'en viendrais bien à bout. Mais je veux croire qu'il n'en sera point besoin, et que le Roy et vous, vous vous séparerez bien contens l'un de l'autre. — C'est là mon intention, ce luy dit-il, et si ce n'est vous qui l'empêchiez tout ira bien... » (2).

Une fois à la cour, le duc essaya de tous les procédés pour garder son marquisat. Une commission fut déléguée pour l'arrangement de l'affaire, et, de cette commission, il n'y eut que Sully qui insistât formellement pour le recouvrement du marquisat. Aussi le duc tenta-t-il de le corrompre. Il lui envoya un des commissaires, M. des Allimes, en le chargeant de lui présenter le portrait de son prince, le priant de le garder « comme estant venu d'une fille de France. » Le portrait était magnifique dans un cadre de 15 à 20,000 écus, à l'estimation de

(1) Principale place forte de la Savoie. Aujourd'hui commune du canton de Chambéry.

(2) *Economies royales*, p. 71.

Sully, et tenta fort le Ministre. M. des Allimes alors lui représenta que le voyage du duc en France, n'avait pas pour principal but l'affaire de Saluces, mais l'offre au roi Henri de ses services et la promesse de lui faciliter l'obtention de l'empire et la conquête du royaume de Naples et du duché de Milan. « Moyennant quoi, expliqua M. des Allimes, il ne voyait rien qui pût divertir, ni retarder son brave et judicieux esprit comme le vôtre à conseiller au Roy de prodiguer un chétif marquisat de Saluces tout composé de lopins et pièces rapportées pour parvenir à la possession de si amples Etats et magnifiques récompenses ; qu'il vous priait donc de représenter ces choses au roi et lui donner vos bons conseils pour les lui faire généreusement embrasser, et lier à son service un prince de telle puissance, mérite et vertu que M. le duc de Savoie son maître, qui se voulait unir inséparablement avec la couronne de France, comme il l'avait déjà suffisamment témoigné, s'étant mis en si mauvais ménage avec les Espagnols à cause de ce voyage qu'il avait fait en Erance contre leur gré » (1).

Mais Sully ne s'y laissa pas prendre et refusa le présent.

Alors le duc tâcha de faire exclure Sully de la commission et de lui substituer un député favorable; il n'y put arriver.

Toutes ces intrigues indisposaient fort le roi et Sully.

— « Qu'est-ce donc que vous voudriez faire? demanda un jour le roi à son Ministre.

— « Sire, M. de Savoie est venu en France sous la sûreté de votre foi et parole ; il faut qu'elle lui soit gardée

---

(1) *Economies royales*, p. 73.

inviolablement; et, afin qu'il ne lui arrive inconvénient en s'y retournant en ses pays, je désirerais que vous le fissiez accompagner avec 15,000 hommes de pied, 2.000 chevaux et 20 canons que j'aurai bientôt prêts.

— « Lo, lo, dit le Roy, vous allez un peu bien vite.

— « Sire, c'est le seul moyen d'éviter la guerre; mais puisque vous n'admettez pas mon opinion, votre volonté soit faicte... » (1).

Quoi qu'il en fût, le duc dut s'en retourner sans avoir réussi, et se voyant réduit à deux conditions, à choisir de l'une ou de l'autre dans les trois mois :

— A savoir qu'il rendrait le marquisat de Saluces purement et simplement au roi avant le 1er juin.

— Ou en échange le pays de Bresse, le vicariat de Barcelonnette, le val de Sture, celui de la Pérouse et Pignerol.

Mais le 1er juin vint sans que le duc n'ait rien fait.

Le roi alors commença ses préparatifs pour une incursion en Savoie. Le chancellier de Bellièvres chercha à le retenir en lui montrant le danger d'une telle entreprise qui pouvait lui aliéner l'Espagne.

C'était une manœuvre en dessous du duc de Savoie. Le roi ne s'y arrêta pas ; il partit pour Lyon et lorsqu'il y fut, le duc, sous la menace du danger prochain, sembla complètement décidé à vouloir accepter un des deux partis; des otages furent même échangés, mais ce n'était qu'une feinte pour retarder le roi jusqu'à l'hiver. Le roi enfin perdit patience et entra en campagne.

Biron marche sur Bourg et prend la ville par surprise; M. de Créquy va assiéger Montmélian, Chambéry est

---

(1) *Economies royales*, p. 75.

pris. Henri IV vient à Bourg, où Biron fait le siège de la citadelle, puis rentre à Lyon en passant par Villars.

Charbonnières et Montmélian l'imprenable se rendent. La citadelle de Bourg et le fort de Sainte-Catherine sont les derniers points de la résistance, réduits au bout de sept mois de siège.

A la fin de la campagne le roi se trouvait encore à Lyon où il était venu recevoir sa fiancée Marie de Médicis, et c'est là que, la Savoie se rendant, on discuta et arrêta les clauses de la convention qui terminait la querelle.

Le 17 janvier 1601, le traité de Lyon était signé.

Le duc de Savoie cédait au roi toute la Bresse, tout le Rhône sur ses deux rives, depuis Genève jusqu'à Lyon, à la réserve du pont de Grésin et de quelques autres villages, pour le passage de Savoie en Franche-Comté; mais sur lesquels lieux le duc ne pourra lever aucun tribut, bâtir ni forteresse, ni château, et par lequel pont de Grésin, il ne pourra pas faire passer de gens de guerre sans la permission du roi.

La citadelle de Bourg était remise entre les mains de sa majesté.

Le bailliage de Gex est également cédé.

Moyennant quoi, le roi cède au duc le marquisat de Saluces et, en vertu de ces arrangements, il y aura « paix, amitié et bonne voisinance entre le Roy et le Duc. » (1).

C'était l'incorporation définitive de la Bresse à la France, et notre petite ville de Châtillon allait être désormais française.

---

(1) Voir le texte du traité de Lyon, donné par Sully dans les *Economies royales*, p. 147.

# CHAPITRE TROIS

## Achat de Châtillon par Gaston d'Orléans.

### § I

### Châtillon et sa garnison.

Autour de 1640, Châtillon se vit imposer des garnisons continuelles. Le charge devint telle qu'un mécontentement général ne tarda pas à se manifester.

En effet, à cette époque, le séjour d'une troupe armée dans une ville était une véritable ruine pour cette ville qui devait la subir, — et cela venait de deux raisons : de la composition de la troupe — de son administration.

L'armée est une amalgame de gens nobles et de mauvais gas. Le recrutement des troupes se faisait surtout par le racolage. Il y a des volontaires ; mais ils sont peu nombreux, la vocation militaire étant encore bien rare.

Le racolage, c'est l'embauchage dans les villes. Des hommes font le commerce d'engager ceux qu'ils trouvent : ce sont les intermédiaires nécessaires, les pourvoyeurs de l'armée, pour laquelle ils commissionnent. Dans les cabarets borgnes, mal famés, les racoleurs ont établi leur siège. Tout ce qui roule le pavé, est sans travail, sans famille, est chassé de la maison paternelle, tout ce qui vagabonde, s'échappe de prison, tout cela va au racoleur, qui enjole les pauvres diables, leur vante les joies et avantages de la vie militaire, les convie à boire à sa taverne, et enfin leur fait signer un engagement qui les lie pour plusieurs années.

Ces racolés, ainsi le plus souvent la lie du peuple, une fois à l'armée, ne cherchent qu'à bien vivre et à faire du gain et ce ne sont pas les scrupules qui les gênent.

D'autre part, le commandement militaire était vicieux par cela même qu'il était une propriété. Le titulaire d'un titre : mestre de camp — capitaine — en est le propriétaire. Il l'achète, il le vend.

Le mestre de camp est le colonel qui commande le régiment, le capitaine commande la compagnie. Ce régiment et cette compagnie sont leur propriété.

Une compagnie s'achète, se vend comme un immeuble à la différence que le titre est viager.

Les grades inférieurs eux-mêmes s'achètent. Louvois n'était pas encore venu tenter de corriger ces défauts, et l'on comprend quels pouvaient être les inconvénients d'un tel état de choses. Colonel ou capitaine ayant payé sa charge cherche à rentrer dans ses déboursés, à réaliser du profit, et pour cela il a deux moyens : il peut le faire aux dépens de l'Etat, par les fraudes dans les effectifs et les passe-volants ou hommes de paille qui venaient, les jours d'inspection, garnir les compagnies incomplètes ; — aux dépens du soldat : c'est le capitaine qui nourrit, habille, paie sa compagnie ; en France, sous Richelieu, il n'y a rien eu d'organisé ; l'Etat n'a pas de magasins d'habillement, même pas de fabriques d'armes. Le capitaine alors retient au troupier sur sa solde, sur sa nourriture, sur l'habillement. Et, dans ces conditions, c'est sur l'habitant que retombe la charge. Le soldat, mal nourri, mal payé, se dédommage par la fraude, le vol, le pillage, consomme les provisions de celui qui le loge, dévalise sa basse-cour et sa cave.

Dans les rapports des villes et des campagnes, à cette date, il n'est question que des déprédations commises par les gens de guerre. L'infortuné habitant devait se laisser dépouiller sans rien dire ; il n'avait aucun recours auprès des chefs qui faisaient par leur administration, presque une obligation au soldat d'agir de la sorte. Si l'habitant veut se soustraire à cette charge écrasante, il achète au capitaine la dispense de loger des soldats. Cette dispense coûte cher, et c'est là un des profits des chefs.

En un mot, les généraux volent, les soldats pillent.

Et telle était la situation faite à notre ville de Châtillon par la garnison qui s'y trouvait établie.

Dès la fin du XVIe siècle, le registre des délibérations du conseil de ville mentionne le vote d'une imposition de 2.277 florins destinée à couvrir les dépenses faites par la compagnie du sieur de la Botte, qui séjourna dans Châtillon durant les années 1588-1589. Cela sans doute explique l'attitude toute antimilitariste de la population châtillonnaise, lorsque, quatre ans plus tard, en 1593, M. de Joly, bailly de Bresse, mandant de fournir le nombre de soldats mentionné au rôle, la ville répondit qu'elle ne pouvait procéder à l'élection des huit soldats requis, tous les jeunes gens se cachant. Le capitaine Gallien, qui devait les recevoir, dressa alors un rôle des jeunes gens qui lui paraissaient propres au service militaire; le conseil refusa d'approuver le rôle, mais dut se résoudre à contracter un emprunt pour subvenir aux frais de l'armement des miliciens (1).

Quelques mois après, le sieur de Bussy, capitaine de la garnison, ayant été fait prisonnier par les gens du Chatelard, demanda que la ville fournît, pour sa mise en liberté, une caution de 2,000 écus (2).

Aussi, l'on comprend combien las devait être Châtillon de ces vicissitudes et de ces charges continuelles.

Vers 1640, un magasin de foin et d'avoine avait été créé pour l'entretien de la compagnie de cavalerie tenant garnison à Châtillon (3). Mais cela ne suffisait pas. Ces gens de guerre vivaient largement, sur les habitants qu'ils rançonnaient et dépouillaient. Des remontrances furent faites au sieur de Lambressy, commandant de la compagnie.

---

(1) Plus tard, en effet, lorsque la royauté, après Louvois, commencera à organiser des troupes régulières, c'est encore à la ville que retombera la charge d'équiper les miliciens levés chez elle. Une délibération du Conseil de ville, postérieure à l'époque dont nous nous occupons, mais cependant significative, nous confirme cette pratique : « Remonstrent de plus les dicts sieurs syndiqs qu'ils ont reçu un ordre de M. Dutour, subdélégué de Mgr l'Intendant à Bourg, datté du 26 du présent mois, qui ordonne aux syndiqs de Chastillon de faire payer à Benoît Rémond, milicien de ceste ville, la présente année, la somme de 30 livres pour estre employée à luy acheter deux chemises, deux cravattes, un havre-sacq, une paire de guestres, et une paire de soulliers. » (Archives de Châtillon, B. B. 56, f. 14, 29 mars 1729.)

(2) Registre des délibérations du Conseil de la ville. (S. B. B. 38.)

(3) Cette compagnie était du régiment de Mazarin.

Celui-ci proposa que « sy la ville luy veult donner « mille livres par mois, et nourrir ses cavalliers et « chevaulx, il fera en sorte qu'il n'y aura poinct de « désordre, ou bien si mieulx ceulx qui supportent le « logement veullent donner vingt solz pour la nourriture « de chasque cavallier, il fera qu'il se nourrira sans rien « prendre de son hoste, moyennant le foing et l'avoyne « que la ville fourny au magazin ; aultrement qu'il fera « vivre ses cavalliers à discrettion ; et oultre ce, les dis- « pensera de faire donner trois livres chasque jour à son « hoste, attendu que la paye que le Roy donne n'est « suffizante pour mettre ladicte compagnie en estat « pour servir. »

On lui répond que « la ville entend se tenir aux ordres « du Roy, et qu'on va envoyer un homme exprès qui « fera plainte à Monseigneur le cardinal de Mazarin. »

Mais cela n'arrêta pas les vexations de la garnison. Toutes sortes de désordres sont commis par les cavaliers de la compagnie. On les voit, pour obliger les gens à passer par leur volonté, se rassembler jusqu'à vingt-cinq chez la même personne, « y banquetter à ses fraiz. »

C'est en vain que Châtillon proteste auprès du gouverneur de Bourgogne.

## § II

## Comment Châtillon se délivre des gens de guerre.

A ce moment, on apprend que « Madame la duchesse « de Créquy estoit en vollonté de vendre le titre de « comté dudict Chastillon. » Les habitants virent une occasion de se soustraire à leur charge militaire, en changeant de maître. Ils conçurent le « projet pour se « délivrer de tant de misères qui accablent ladicte ville, « de faire présenter, par le sieur Tillon, un châtillon- « nois, estant à présent à Paris pour affaires, une re- « queste à son altesse royale Monseigneur le duc d'Or- « léans, tendant à ce que les habitants dudict lieu « avoient estimé qu'ils désiroient profitter de cette oc- « casion pour se procurer l'honneur et le bien d'appar- « tenir à ladicte altesse, s'il luy plaisoit d'agréer leur « désir et affection, et qu'à ce suject ils avoyent verbale- « ment chargé ledict Tillon de proposer deux choses « avec offre d'en exécuter l'une : ou qu'ils payeroient « la quarte partie du prix dudict comté, s'il plaisoit à « ladicte Altesse d'en faire simplement l'acquisition, ou « prix entier s'il procuroit soit par eschange avec sa ma- « jesté, soit aultrement que ladicte ville et son mande- « ment soient annexés à la souveraineté de Dombes et « en fassent part à condition que les habitants jouyront « des mesmes pivilèges, franchises et immunités dont « jouyssent les sujects de ladicte altesse de Dombes, « comme aussy de leurs privillèges particuliers, à la « forme que les habitants en ont cy-devant jouy et que « les officiers seront maintenus... » (1).

Une assemblée générale des habitants se tint à la maison de ville, à la suite de laquelle il fut décidé à l'unanimité que l'on passerait procuration au sieur Tillon pour traiter l'affaire.

---

(1) Extraict des Registres des délibérations faites en la chambre de ville de Chastillon pendant le scindicat décennal de Guichenon et de Jean-Louis Michaud. Années 1645-1646. — *Archives de Châtillon.*

Cette procuration est du 10 septembre 1645. Muni des pouvoirs nécessaires, Tillon s'aboucha avec le duc d'Orléans et déploya tant de zèle, qu'en quelques mois, le marché était conclu. Le comté de Châtillon était vendu quarante-six mille livres à Gaston d'Orléans : Châtillon devait en payer la moitié de ses propres deniers, plus mille livres d'épingles (1), ce qui faisait vingt-quatre mille livres pour Châtillon. La somme fut rapidement amassée par des quêtes faites parmi les habitants, par des dons et par des emprunts (2).

L'acte de délibération des conseillers et scindics fait foi de cet arrangement :

« Du quatorziesme janvier mil six centz quarante six.

« Assemblés en Conseil de la dicte ville de Chastillon « en la maison de ville dudict lieu à la manière accous- « tumée, en présence et assistance d'Anthoine Blanchard « chastellain de ladicte ville, honorables Anthoine Gui- « chenon et Jean-Louys Mischaud sindicqs, honorables « Jean Prost, Anthoine Livry, de la Perières, etc.

« Tous des chefs de famille et habitants de ladicte « ville faisants la plus grande part et saine partie d'i- « ceulx.

« Sur la remonstrance faicte par le sieur Guichenon, « sindicq de ladicte ville, qu'en suitte de la délibération « faicte céans, le dixiesme de septembre dernier, par la- « quelle il auroit esté député pour s'ascheminer à Paris « pour l'effect amplement porté et contenu par ladicte

(1) Les *Epingles* étaient un cadeau ou comme une prime, une sorte de gratification donnée après la conclusion d'une affaire.

(2) Antoine Blanchard, notaire et chatelain de la ville, contracta en son propre nom l'emprunt nécessaire à la ville.

« délibération, luy et le sieur Pierre Tillon, qui y estoit « déjà pour ascheminer l'affaire — ont, après plusieurs « traverses et grandes difficultés qu'il a fallu surmonter, « travaillé en telle sorte que finallement le contract de « vente de la terre et comté de ceste ville a esté passé « par madame la duchesse de Créquy au proffict de son « altesse Royale monseigneur le duc d'Orléans comme « père et ayant la garde noble de mademoiselle la Prin- « cesse de Dombes, sa fille, pour et moyennant le prix « et somme de quarante six mille livres trézains. — « oultre mil livres pour les espingles — et lesquelles « espingles ont esté payées des propres deniers de la- « dicte ville, ainsi que ladicte dame de Créquy a témoi- « gné au doz des promesses de main-privée passée entre « elle et le sieur Tillon, et qu'il en appert par la quit- « tance de main privée — et d'aultant que par le con- « tract de ladicte vente il n'est faict aulcune mention « que ladicte ville aye contribué au faict de ladicte ac- « quisition, bien que les dicts scindicqs et le sieur Tillon « en ayent payé vingt-trois mil livres tz, faisant moytié « dudict prix se montant avec les mil livres tz — des de- « niers empruntés du sieur Boulozon, citoyen bourgeois « de Lyon — qui se monte à pareille somme, suyvant la « lettre de change à eulx envoyée.

« Lesdicts Guichenon scindicq et Tillon ont faict voir « aux dicts conseillers et habitants par acte séparé et « hors du contract par eulx passé avec Mgr Querancy, « conseiller du Roy, intendant des maison et finance de « ladicte altesse royale, du seiziesme décembre dernier « — qu'il recognoit que lesdicts habitants ont payé la- « dicte moytié de prix ; et qu'en conséquence des offres « par eulx faictes au Conseil de ladicte Altesse et de la

« procuration à eulx passée, ils ont promis et se sont « obligés — au cas que ladicte Altesse fasse tenir par « eschange ou aultrement ladicte ville avec son mande- « ment à la principauté et souveraineté de Dombes, les « fasse jouyr des mesmes privilèges et immmunités dont « jouyssent les dombistes, ensemble de leurs privillèges « particuliers — de rembourser ladicte Altesse des aul- « tres vingt-trois mil livres tz deux mois après les vérif- « fications pour cet effect — ainsy qu'est plus amplement « porté par ledict acte dressé par MM. Richier et Gal- « loys, notaires du Roy en son Chastellet à Paris. Ce que « lesdicts Guichenon, scindicq et Tillon requièrent estre « approuvé par lesdicts habitants, et d'aultant que le terme « de paye desdictes vingt-quatre mille livres tz avec les « intérêts sont éschus dèz le dixiesme du présent mois « dont lesdicts sieurs Blanchard, chatellain, Isaac Gui- » chenon et Michaud, sindicq, sont seuls obligés de « pourvoir et mettre ordre au payement de ladicte « somme, afin de subvenir aulx fraiz qui s'en pourroient « ensuivre — et à la reconnaissance que la ville désire « faire audict Tillon qui a quitté et abandonné tous ses « affaires pour vacquer au suject de très grande impor- « tance à ladicte ville, où il a employé plus de six mois « entiers à Paris — en estant seulement de retour avec « le sieur Guichenon sindicq, dèz le cinquiesme du pré- « sent moys. A quoy ledict Guichenon, sindicq, requiert « lesdicts habittants vouloir délibérer

« *Sur quoy lesdicts conseillers habittants et chefs de « famille* ont délibéré qu'ils approuvent et rattifient « tout ce qui a esté faict par lesdicts Guichenon scindicq « et Tillon, considérant cette affaire comme très avanta- « geuse pour ladicte ville au temps présent de malheurs

« qui règnent, et aux misères qu'ils ont souffert cy de-
« vant, tant par les garnisons des quartiers d'hyver
« qu'ils ont ordinairement supportés que par d'autres
« divers logements et passages de gens de guerre qu'ils
« ont eu, dont la dicte Altesse par sa protextion les a
« délivrés et du présent quartier qu'ils estoient sur le
« poinct de supporter de la compagnie et estat-major
« du régiment de cavallerie du sieur de Marins qui avait
« ordre du Roy de tenir en ladicte ville, que ladicte Al-
« tesse a faict divertir et changer. Et afin que ladicte
« ville se puisse acquitter de ladicte somme de vingt-
« quatre mil livres et intérêtz emprumptés dudict sieur
« Boulozon, que tous les habittants de ladicte ville se-
« ront priés de voulloir prester chascun selon son pou-
« voir des sommes qu'ils vouldront vollontairement,
« qui seront remises entre les mains desdicts Guichenon
« et Mischaud sindicqs, qui leur en passeront telles as-
« surances qu'ils désireront pour estre employées à l'ac-
« quittement de ladicte somme de vingt-quatre mille
« livres tz et intérêts, sinon du tout du moins de la
« plus grande partie, le plus promptement possible ; et
« afin d'obliger par cy après tant ledict Tillon que aul-
« tres à servir le publicq et à employer plus librement
« dans les affaires qui pourroyent survenir à ladicte
« ville, qu'il sera reconnu de la somme de deux mil li-
« vres tz, tant pour les despenses par luy faictes à la-
« dicte poursuitte que pour les voyages ; en déduction
« de laquelle il a déclaré avoir reçu dudict Guichenon
« sindicq, la somme de quatre cents livres des deux mil
« livres tz, envoyées à Paris audict Guichenon sindicq
« par lettre de change dont il justifiera de l'employ du
« surplus ; pour raison de quoy il sera cru à son ser-

« ment et pour le surplus ledict Tillon a promis d'en « attendre six cents livres tz dans la Toussaint prochain. « Et les autres mil livres il les laisse à ladicte ville pour « un an entier, le tout sans aulcuns intérêts, ayant es- « gard que ladicte ville est à présent en nécessité d'ar- « gent. Ce à quoy le corps de ladicte ville reste obligé, « rattifiant en oultre lesdicts habittants Guichenon sin- « dicq et Tillon en leurs propres et privés noms pour « leur part et cotte ladicte obligation, ensemble la déli- « bération faicte pour emprumpter dudict sieur Boulozon « ladicte somme de vingt-quatre mille livres.

« Signé à l'original,

« BLANCHARD, chastelain, HUGON, MICHAUD, sindicq, « A. GUICHENOM, sindicq ; BLANCHARD, TILLON, COLLET, « etc. » (1).

Châtillon s'était donné de nouveaux maîtres, et son choix est tout à son honneur, puisque les d'Orléans sont un grand nom, une des familles les plus brillantes et les plus bienfaisantes de notre histoire.

## § III

## Les d'Orléans.

Gaston d'Orléans eut en bien propre Châtillon jusqu'en 1650, où Mademoiselle de Montpensier, sa fille, ayant atteint sa vingt-troisième année, en fut gratifiée, et le rendit patrimonial dans sa maison.

(1) Extrait du registre des délibérations du Conseil de la ville. Années 1645-1646. — Délibération du 14 janvier 1646. *(Archives municipales de Châtillon.*

C'était au moment de la Fronde, ce mouvement de réaction contre le despotisme de Richelieu disparu, mouvement organisé par les parlementaires et par les grands qui avaient été durement traités sous le règne de Louis XIII et qui voulurent prendre leur revanche sur la royauté, profitant de l'avènement au pouvoir de Mazarin, « ce successeur doux et bénin » dont parle de Retz. Le principal épisode de la lutte fut le combat du faubourg Saint-Antoine, où l'armée frondeuse, commandée par Condé, se rencontra avec l'armée de la cour commandée par Turenne.

Paris avait fermé ses portes, attendant le résultat. L'armée frondeuse allait être enveloppée, lorsque Mlle de Montpensier fit ouvrir les portes à Condé, et tirer le canon de la Bastille sur les troupes royales. Turenne recula, Condé entra dans Paris, mais pour peu de temps ; ayant mécontenté tout le monde, il se retire en Flandre, chez les Espagnols ; Mazarin reprend le pouvoir, sortant plus fort que jamais d'une crise qui avait failli le renverser, lui et la royauté.

Mlle de Montpensier, qui s'était si franchement compromise en favorisant Condé, s'attira les représailles du cardinal, qui envoya dans ses Etats une armée commandée par le marquis de Canillac. On se battit en maint endroit, non sans causer au pays des dégâts considérables. Le comté de Châtillon et les bords de la Saône furent ravagés.

Des ossements découverts à Montpupil, hameau de la paroisse de Saint-Estienne, à deux lieues à l'ouest de Châtillon datent probablement des combats de 1653.

Les environs de Saint-Etienne, Chazelles, Montpupil, Lurcy, Messimy, furent dévastés.

La tradition rapporte à ce sujet le fait suivant :

Une femme de Messimy étant allée le lendemain du combat *sarcler* sa vigne, y trouva plusieurs morts. Avide de butin, elle s'apprêtait à dépouiller les cadavres, quand elle entendit non loin une voix mourante qui appelait au secours ; furieuse, elle s'avança, et vit un cavalier, blessé de la veille, qui, pâle et défait, se mourait au milieu d'horribles souffrances. En l'apercevant, le blessé redoubla ses appels et ses prières, la suppliant de le secourir ; mais elle transportée de fureur, se jeta sur lui armée de son *sarcloir*, le frappa à coups redoublés, avec rage, le mit en lambeaux, puis alla chercher des voisins pour leur montrer son œuvre. Ce guerrier était le chef de la troupe qui avait occupé Messimy.

On voit par ce fait quelle impopularité l'armée avait conservée dans notre région, et c'est une constatation singulière que celle de ce sentiment hostile au point de se changer soudain en brutalité sans nom et en représailles sanglantes.

En 1656, nous voyons encore une armée cantonnée dans Châtillon y commettre tant d'exactions qu'elle occasionne presque une guerre civile.

Malgré tout, M^lle^ de Montpensier fut très attachée à Châtillon.

En l'année 1670, un violent incendie, qui dura deux jours, détruisit une grande partie de la ville. Le poète châtillonnais Philibert Collet (1) écrivit à cette occasion son poème de Rollcinde, sollicitant des secours de sa souveraine :

(1) P. Collet, né en 1650, auteur de *Rolinde*, poème latin sur l'incendie de Châtillon, substitut du procureur au Parlement des Dombes, maire de Châtillon, mort en 1718.

« *Atria erant longis quæ plurima silva columnis*
« *Imposita tecti clivo varia arte tegebat;*
« *Magnum opus et populo vendenti mercibus aptum* (1).

Ces halles, ornement et centre commercial de la ville, furent consumées.

Mlle de Montpensier ne resta pas sourde à la requête du poète. Elle fit cadeau à Châtillon d'une forêt lui appartenant, avec autorisation d'y abattre tout le bois qui serait nécessaire à la reconstruction des halles et des édifices détruits.

Ces halles reconstruites sur le modèle des primitives, remarquables par leur grandeur, et conservées en solide état, nous donnent une idée de la forme de ce genre d'édifice particulier au Moyen-Age.

Atteinte par les infortunes que lui valurent en grande partie ses équipées et ses aventures, Mlle de Montpensier fut, par ordre du roi, contrainte à abandonner sa province de Dombes; le 2 février 1681, elle la cédait à Louis-Auguste de Bourbon, bâtard de Louis XIV, et qui en devint le complet possesseur en 1693, à la mort de la Grande Mademoiselle.

Au milieu de ces changements, Châtillon fut privilégié. La ville, en effet, était du domaine privé de la princesse et tandis que, dès 1760, la Dombes sera réunie à la couronne par un échange que le Roi traite avec son dernier propriétaire, Châtillon échoira aux princes d'Orléans, héritiers de Mlle de Montpensier, qui en demeureront les comtes jusqu'en 1793.

---

(1) Des halles s'élevaient, véritable forêt de colonnes soutenant la toiture, et dont l'art et la variété formaient un édifice magnifique, capable de contenir la foule des vendeurs et des marchands.

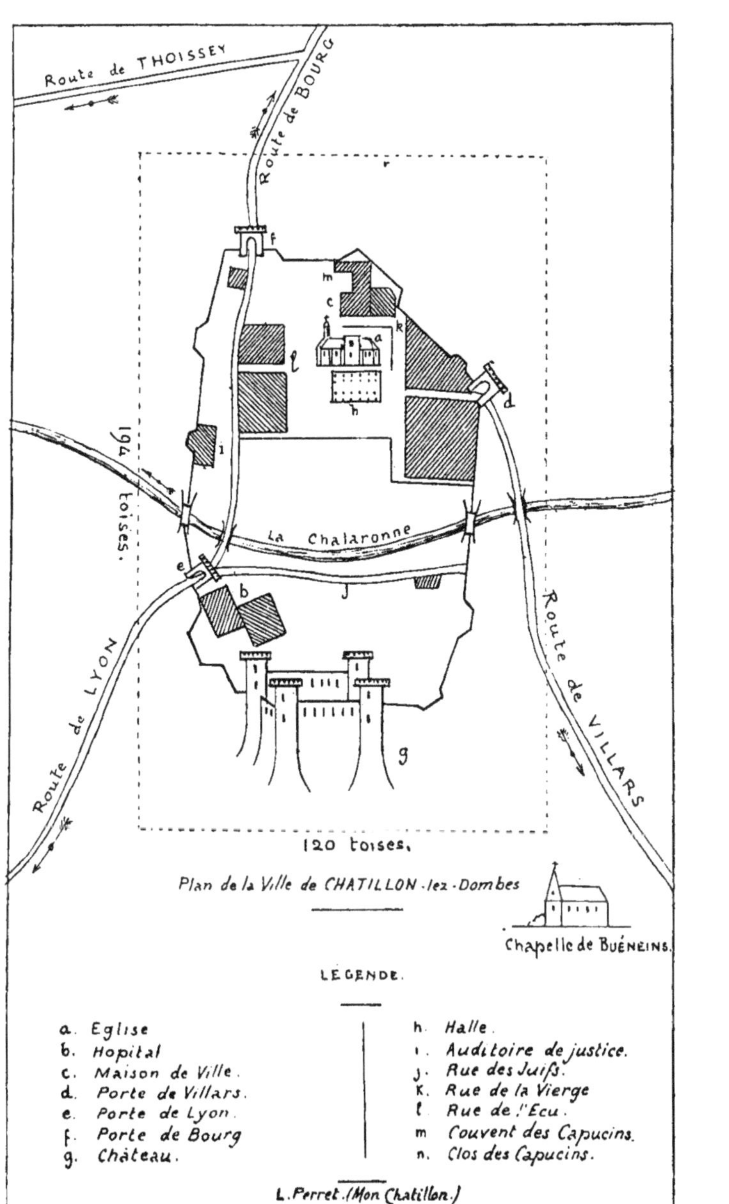


PLAN DE CHATILLON-LES-DOMBES

au XVII^e siècle

RECONSTITUÉ D'APRÈS DES DOCUMENTS D'ARCHIVES

# CHAPITRE QUATRE

## Une petite Ville sous l'ancien Régime

§ I

### Description de Châtillon.

Châtillon comprend deux parties : le château et la ville.

Le château est situé sur une colline dont il occupe tout le sommet. Il est de grandes dimensions, de forme à peu près carrée. Le système de fortification est simple : un grand mur, unique, circulaire, avec à chaque angle une tour, peu élevée ; mais le mur est épais — les tours sont massives — l'édifice est sur un monticule aux pentes rapides. Une seule porte y introduit, du côté nord.

Le château est de beaucoup plus vieux que la ville, et remonte aux sires de Châtillon, c'est-à-dire au XI$^{e}$ siècle. A cette époque, c'est le lieu d'habitation des sires et c'est une véritable forteresse. Les ducs de Savoie sont venus plus tard l'embellir et l'honorer par de fréquents séjours. Jusqu'à la conquête française, il a été un point de défense militaire ; au XVII$^{e}$ siècle, il est habité par le châtelain.

Une rivière, la Chalaronne, passe au pied du château, au nord — et c'est là que peu à peu se sont groupées quelques habitations et s'est formé un bourg, sous la protection et domination du maître du lieu.

Au XVII$^{e}$ siècle le bourg s'est étendu ; c'est une petite ville, qui, elle aussi, s'est donné un mur d'enceinte, des fossés, des fortifications. Cette enceinte, correspondant aux fortifications du château, est de forme presque carrée. Trois portes, avec tours, pont levis, herse, y donnent accès : l'une au sud, située sur la route de Lyon, une autre à l'est, du côté de Villars, l'autre au nord : c'est la porte de Bourg.

Commencés par les ducs de Savoie, les remparts étaient achevés en 1321. C'est vers 1450 que les fortifications se complétèrent après l'invention des canons.

Des personnes à gages, payées par la ville, étaient chargées du soin d'ouvrir et de fermer les portes.

L'entretien de ces remparts fut toujours une charge considérable pour les habitants. En 1635, on constate que les murailles sont en très mauvais état et malheureusement les ressources de la ville, engagées pour sept années, ne lui permettaient pas de les réparer. En 1725, de nouvelles réparations sont faites au rempart, près de la porte de Villars.

La rivière traverse la ville et alimente les fossés.

A l'intérieur, les rues sont étroites, tortueuses, pavées de gros cailloux. Il n'y a que deux places, petites : l'une devant l'église, l'autre devant l'hôpital.

L'église est au centre, avec son faîte élevé, son toit rapide couvert de tuiles et son beffroi, véritable niche de guetteur.

Les maisons sont construites en torchis, c'est-à-dire avec des pièces de bois garnies de terre ; les édifices, les fortifications sont en briques. Pas de pierre : il n'en existe pas dans le pays, il faut aller la chercher à des lieues; or, les chemins sont très rares et très mauvais; du reste, de grandes forêts de chênes sont peu éloignées, — et la terre, fortement argileuse, grasse, se prête bien à la fabrication et à la cuisson des moëllons.

Les maisons, sur la rue, sont construites en étages surplombants, ce qui fait souvent de la rue un couloir humide sans air et sans lumière. Et puis, la propreté n'y règne pas toujours. Les troupeaux circulent à l'aise.

En 1618, une ordonnance du chatelain interdit de laisser courir les pourceaux dans les rues, et ce n'est pas une mesure insignifiante, l'élevage de ces animaux étant considérable. En 1632, la mesure est renouvelée, punissant de dix livres d'amende celui qui laisse courir ses porcs par la ville.

Nous voyons même un particulier condamné à trente sols d'amende pour avoir déposé du fumier dans une rue passagère (1).

La longueur de la ville, de la porte de Bourg à l'extrémité des murs du château, est de 194 toises; la largeur, de la porte de Villars à celle de Lyon, de 120 toises; la toise, à l'époque, étant de 7 pieds et demi, cela fait à peu près, en longueur, 480 mètres, en largeur, 300. Le circuit est de 650 toises, soit 1600 mètres.

Châtillon a un petit hameau, un seul, appelé Buenans, qui ne consiste qu'en quelques maisons, et qui est à une petite distance à l'est. Tout le territoire de la paroisse, y compris Buenans, a un quart de lieue de long, et autant de large.

---

(1) Registre des délibérations du Conseil de la ville (1712-1715) *Archives de Châtillon*. BB. 40.

Le nombre des habitants n'est pas encore bien considérable. Une *Déclaration des biens des communautés* (1) parle de 800 communiants : ce qui fait une population d'autant de citoyens.

Châtillon fait partie du bailliage de Bresse, dont la capitale est Bourg — et est en titre de comté. Cette érection en comté a été faite, nous l'avons vu, par le duc de Savoie Emmanuel-Philibert, en 1561, lorsqu'il voulut donner Châtillon au seigneur de Coste, en échange de son fief de Bennes.

Châtillon a sa maison de ville, où sont convoquées les assemblées du conseil de la ville et du peuple. Cet hôtel de Ville avait été reconstruit en 1686, par Philibert Collet, sur les ruines d'une tour carrée s'élevant à l'est ; en 1794, l'édifice fut vendu, en même temps que le clos des capucins auquel il confinait. Sur l'emplacement d'une autre tour, mais à l'ouest, s'édifiait un auditoire de justice — œuvre également de Collet.

Signalons l'existence à Châtillon, d'un collège — dirigé par des prêtres — et qui se consacrait à l'éducation, à l'instruction des enfants et fils des familles riches du pays. En 1730, le duc d'Orléans en fit don à perpétuité à la communauté.

Châtillon a son hôpital, créé en 1428, par Amédée VII et fondé en 1432, par Amé VIII, duc de Savoie ; il reçut de François Ier et de Henri II confirmation de ses privilèges ; les titres de dotation de cet établissement furent brûlés ainsi que son édifice, dans un incendie qui consuma la ville en 1652.

A côté de l'hôpital, un cimetière avait été réservé, clos de murs, sur l'emplacement d'un jardin acheté en

(1) Voir pièces justificatives.

1628. Cet Hôtel-Dieu, du reste un peu restreint, ne comprenait que sept ou huit lits. En 1724, l'hôpital étant en très mauvais état, on pensa à le réparer en se servant de matériaux extraits de la vieille chapelle de Buéneins. C'est ce que nous indique une décision du conseil : « Il est nécessaire de faire des réparations et constructions à l'hôpital qui est devenu presque inhabitable. On demande à l'archevêque de Lyon l'autorisation d'employer, pour cet objet, les matériaux de l'église de Buéneins, qui est hors de cette ville, et entièrement esboulée — qu'il y a plus de 40 ans qu'on n'y a plus célébré aucun service divin — et mesme que les cochons, chèvres et aultres animaux entrent journellement dans le peu de bastiment de ladicte église qui y reste... (1) ».

Bientôt, en effet, les travaux de reconstruction de l'hôpital sont commencés. Un arrêt du Conseil d'Etat attribue pour neuf années le produit de l'octroi à l'hôpital de Châtillon « pour le produit estre employé, sans aucun divertissement, à achever ce qui reste à rétablir des bastiments dudict hospital... » Les frais de construction étant considérables, le conseil de la ville autorise le sieur Vallier, recteur de l'hôpital, à contracter un emprunt de sept mille livres.

Les libéralités du comte du Chatellard, chevalier, lieutenant général de Bresse, vinrent activer le rétablissement de l'édifice, de sorte que, le 10 janvier 1732, Jean Comte, charpentier de la ville, pouvait présenter à la visite du Conseil « ledict hospital, ayant parachevé la grande salle, la chapelle, le bastiment des sœurs hospitallières qui doivent servir audict hospital... » En effet,

(1) *Archives municipales.* BB. 48.

on devait y installer des sœurs hospitalières. Le comte du Chatellard, l'inspirateur et le bienfaiteur de l'œuvre, « avait inspiré que, avant d'ouvrir ledict hospital, il fal- « lait y avoir des personnes capables de le régir et d'a- « voir soing des pauvres malades.... On s'est très « bien trouvé dans les villes circonvoisines, des filles de « sainte nature dont la pietté, le zelle et leurs exem- « ples au service des pauvres mallades et au gouverne- « ment des hôpitaux font l'admiration et l'éddification de « tout le royaume. »

On résolut donc de faire venir à Châtillon des sœurs hospitalières. Le comte du Chatellard se rendit à Pont-de-Vaux où se trouvaient des religieuses de l'ordre de Sainte-Marthe, et, sur sa requête, le recteur de l'hôpital de cette ville, « accorda aux habitans de Chastillon, deux « dames religieuses hospitalières dudict Pont-de-Vaux, « pour former l'établissement de celuy de cette ville... »

Ces dames se nommaient : sœur Jeanne-Claudine Bergier, qui prit le titre de supérieure, et sœur Anne-Marie Guichelet. Elles vinrent à Châtillon où elles trouvèrent l'hôpital réinstallé et s'y livrèrent à leur mission de charité et de bienfaisance.

Le duc d'Orléans lui-même s'intéressa au rétablissement de l'Hôtel-Dieu de Châtillon, et, dans une lettre datée du 28 juin 1731, il écrivait aux magistrats de la ville : « Mon intention est que M. de la Fayette, mon « agent en Beaujolais, m'envoye son advis sur l'établis- « sement que vous vous proposez de religieuses hospi- « talières, pour le service des pauvres de l'hospital de « vostre ville, que je me porterai à favoriser autant que « paraîtra utile et convenable (1) ».

---

*Archives municipales*, BB. 51.

Et il semble, en effet, qu'à cette date des lettres patentes soient venues témoigner de la faveur des princes, et sans doute rétablir les privilèges accordés par les ducs de Savoie, par les rois de France en des titres détruits. Ces dernières lettres patentes sont malheureusement perdues, et nous n'avons pour les connaître que la délibération du conseil de ville mentionnant la lecture qu'il en a faite.

« Le sieur Vallier, recteur de l'hospital, a l'honneur de représenter à Messieurs les syndics et conseil de la ville un extrait en forme des lettres patentes dont il a plu au Roy de grattifier ledict hospital, dont il requiert l'enregistrement sur ce registre. Et, en conséquence, il vous prie de vouloir bien vous unir à luy pour présenter une requeste à Monseigneur l'archevesque, pour obtenir de sa grandeur la confirmation des Réglemens que le Roy a donnés en accordant lesdictes lettres, la transplantation des dames hospitalières de Pont-devaux, pour commencer icy un establissement des filles de leur ordre, — la permission de garder le sacré corps de Jésus-Christ dans le tabernacle de la chapelle dudict hospital pour le plus prompt secours des malades et l'édification des fidèles. Et comme il nous paraîtra, Messieurs, par la lecture qui va estre faicte desdites lettres patentes, que le Roy a déchargé ledict hospital de la taille des biens qu'il possède et pourra posséder à l'advenir, il convient que le remontrant en sa qualité conjointement avec MM. les syndics — présentent requeste à Monseigneur l'Intendant et à MM. les Elus — pour faire rayer la cotte à laquelle ledict hospital est cottisé au rôle dudict Chastillon, et en obtenir le rejet,.. »

Ces lettres patentes sont du mois de mai 1731. Nul

doute qu'elles n'aient été obtenues par l'intermédiaire du duc d'Orléans qui, ainsi, sut donner une marque de sa sympathie pour sa ville de Châtillon. Ces lettres, déchargeant l'hôpital de l'impôt de la taille, et reconnaissant ses privilèges, étaient extrêmement précieuses. Elles nous montrent aussi que, déjà, l'Hôtel-Dieu de Châtillon possédait des immeubles dont les revenus servaient à son entretien.

Nous jugeons à propos de placer ici l'étude d'une « *ferme* » d'un genre particulier, — la ferme de la boucherie pendant le carême — et cela parce que c'est à l'hôpital qu'en était réservé le revenu.

Pendant toute la durée du carême, c'est-à-dire du Mercredi des Cendres au Vendredi Saint, dans toute la ville, il n'y avait qu'un seul boucher qui eût le droit de vendre de la viande, et même les volailles et le gibier : le boucher qui en avait la ferme. Avant l'ouverture du carême, on publiait que cette ferme était mise à l'enchère ; les bouchers de la ville soumissionnaient et elle était adjugée au plus fort enchérisseur. Le montant de l'enchère revenait à l'hôpital. Défense était faite d'acheter de la viande chez un autre boucher que le boucher fermier.

Une délibération du 27 février 1729 nous renseigne sur cette ferme, bien particulière.

« Nous sindiqs, recteur et administrateur de l'administration de l'hostel de ville soussignés, avons, pour le bien et l'utilité de l'Hostel-Dieu fait publier et proclamer suivant l'usage par le valet de ville — la boucherie de Caresme pour la présente année — et, comme il échoit de procéder ce jourd'huy à l'amodiation, expédition et délivrance de ladicte boucherie de Caresme, requièrent les dicts scindiqs et recteur qu'il y soit tout présentement procédé, au plus offrant et dernier enchérisseur et aux conditions suivantes :

« Premièrement, que le fermier payera le prix de la ferme entre les mains du recteur de l'Hostel-Dieu, le dimanche des Rameaux prochain, qu'il donnera sur le champ bonne et suffisante caution, qu'il donnera expédition à ses frais des présentes dans quinzaine audict Recteur, en bonnes formes, et paiera les frais des criées ;

« — Qu'il lui sera permis de prendre dès le mercredy des Cendres au matin, toute la viande qui se trouvera chez les autres bouchers tant de cette ville que faubourgs, à raison de 18 deniers la livre (o fr. 09 centimes) pour toute sorte de viandes bonnes et recevables, à l'exception des jarets de bœufs qu'il ne paiera que 6 deniers la livre (o fr. 03 c.), conformément à notre présente ordonnance ;

« — Que le fermier entrera en possession de la boucherie de Caresme dèz mercredy prochain au matin, sans qu'autres bouchers de la présente ville et faubourgs ny estrangers puissent vendre ny achepter aucune qualité de viande jusqu'au vendredy Saint inclusivement ;

« — Que le fermier aura seul le droit d'achepter et vendre dans toute cette ville et banlieue toute la viande, voilaille et gibier, ce qui s'y vendra et débitera pendant les jours de caresme et que les confiscations des contraventions luy appartiendront ;

« — Que le fermier ne pourra vendre la livre de viande qu'à quatre sols la livre (o fr. 24), bœufs, veaux et moutons tout ensemble ou séparément, ayant esté par nous ainsy taxé, à peine de l'amende ; — finallement, qu'au cas que monseigneur l'archevesque permette de manger de la viande pendant quelques jours du caresme, le fermier sera tenu de payer le double du prix de la ferme...

Et à l'instant, André Pin, valet de ville, a réitéré les proclamations pour l'amodiation de lacdite boucherie. »

Ce jour là, l'adjudication de la ferme monta à 63 livres. L'année suivante, elle s'élevait à 61 livres.

Ainsi, l'Hôtel-Dieu de Châtillon, gratifié des faveurs de tous, privilégié, doté de revenus d'immeubles, du produit du fermage de la boucherie — pourvu d'un personnel d'élite — restauré dans ses bâtiments, put devenir un établissement bienfaisant, réalisant la pensée de charité et d'humanité qui l'avait inspiré.

## § II

## Administration.

La Châtellenie de Châtillon est composée d'un châtelain et d'un curial.

On désignait autrefois, par le nom de châtelain, de simples officiers chargés par les ducs et comtes d'exercer à leur place le pouvoir civil et militaire dans les bourgs ou forteresses de leur domaine où ils ne pouvaient résider, et on désignait aussi de cette façon les petits seigneurs propriétaires d'un château fortifié, et qui étaient rangés, dans la hiérarchie nobiliaire, après les barons.

Il s'agit ici d'un châtelain de la première catégorie. Ces gardes ou concierges châtelains avaient une grande liberté, qui donna lieu à des abus financiers auxquels

Philippe le Bel dut remédier par une ordonnance de 1310, qui fit dresser la liste des châtelains, leurs gages, et les replaça sous l'autorité des baillis et prévôts.

Quant au curial, c'est un officier particulier aux coutumes de Bresse, et qui servait de scribe auprès du châtelain.

A la tête de la communauté se trouve le maire. Primitivement, il était élu par les principaux bourgeois de la ville ; puis la royauté s'empara de sa nomination. Sous Louis XIV, le pouvoir, qui utilisait tous les moyens de se faire de l'argent, rendit la charge de Maire vénale et héréditaire par un édit portant création d'un office de maire dans chacune des villes et communautés du royaume. L'édit est du mois d'août de 1692.

Pour être maire, il faut avoir au moins vingt-cinq ans révolus et prêter serment de soumission au roi. Le maire jouit de nombreux privilèges : exemption de tutelle, curatelle, du guet et de la garde, du ban et arrière-ban (1), de la taille, du logement des gens de guerre et de toutes les autres charges et contributions. Dans les assemblées, dans les cérémonies publiques, à l'Hôtel-de-Ville, le maire occupe le premier rang.

Philibert Collet, le poète dont nous avons déjà parlé, nous offre un exemple de nomination à ce genre de charge.

Il fut nommé maire de Châtillon-les-Dombes par lettres du Conseil du Roy datées du 2 septembre 1694. Sa charge était héréditaire et il la remplissait aux gages de 92 livres par an. Le prix d'acquisition en était de 2.300

(1) Le ban et l'arrière-ban sont l'ensemble des habitants d'un pays capables de porter les armes.

livres, dont il fit le versement à la caisse de finance de la généralité de Dijon, le 9 août de la dite année 1694.

Voici la pièce extraite des *Archives municipales* de Châtillon, et qui fait foi de cette nomination :

**Mairie perpétuelle à Philibert Collet.**

*Louis, par la grâce de Dieu, Roy de France et de Navarre à tous ceulx qui ces présentes liront, salut :*

*Scavoir faisons que, pour la pleine et entière confiance que nous avons en la personne de nostre cher et bien-aimé sieur Philibert Collet, et en ses suffisance, loyauté, prud'hommie, expérience, fidélité et affection à notre service. Pour ces causes et aultres, luy avons donné et octroyé — donnons et octroyons par ces présentes, l'office de nostre maire du lieu et communauté de Chastillon-les-Dombes, généralité de Dijon, créée héréditaire par notre édit du mois d'août 1692 — et auquel il a été encore pourvu pour ledict office, avoir, tenir, et dorénavant exercer et jouir par ledict Philibert Collet, héréditairement aux gages de 92 livres par an,*

*Dont sera laissé son dû dans l'estat des finances de ladicte généralité et aux mesmes honneurs, droicts et émoluments, privilèges et prérogatives, rang en séance, dont les maires cy devant établis en ces offices qui en ont faict les fonctions et jouy, tant des hostels de ville, assemblées et cérémonies publiques qu'autres lieux : exemption de tutelle, curatelle, guet et garde, du ban et arrière-ban, taille, logement de guerre et autres charges et contributions.*

*Le tout suyvant et ainsy qu'il est plus au long porté par nostre dict édict dont coppie imprimée est cy attachée sous le contre scel de nostre chancellerie. Pourveu toutefois que ledict Collet ayt atteint l'âge de 25 ans accomplys requis par nostre ordonnance, suyvant son extraict baptistaire, en date du 26 février 1643, délivré par M. Burny, notaire royal à Chastillon, le 21 avril 1693 et légalisé le 2 mai, cy pareillement attaché sous nostre contrescel, à peine de perte du dict office, nullité des présentes.*

**Donnons en mandement**

*Que luy estant appareu des bonnes vie, mœurs, et age supérieur de 25 ans accomplys, conversation et religion catholique, apostolique et romaine dudict Collet, et de luy reçu le serment requis et accoustumé, il le reçoive et mette, institue de par nous en possession dudict office, lui faisant jouyr et profitter ensemble desdits honneurs, authorité, prérogative, prééminence, priviléges et gages de 92 livres par an, droicts et fonctions, attributions et exemptions susdicts, paisiblement et héréditairement, et à luy obéir et entendre de tous ceulx et ainsy qu'il apprendra des choses touchant et concernant ledict office à mes amés et féaux, conseillers et présidents de France et généraux de nos finances à Dijon, que par ceux de nos officiers et receveurs, ils fassent payer et délivrer comptant au sieur Collet dorénavant par chaqu'an, les gages et droicts audict office appartenant, à commencer à partir du jour de la réception des présentes.*

*Nous voulons lesdicts gages et droicts estre passés et alloués en les dépenses des comptes de ceux qui en auront faict le paiement par amés et féaux, conseillers, gens de nos comptes à Dijon, auxquels mandons ainsy le faire sans difficulté, car tel est nostre bon plaisir.*

*En témoignage de quoy, nous avons faict mettre nostre scel aux cy-devant présentes.*

*Donné à Paris, le 2e jour de septembre 1694 et de nostre règne le 52e,*

Voici encore pour complète édification, la quittance du versement que Philibert Collet du faire pour l'achat de sa charge :

**Généralité de Dijon.**

*Mairie de Chastillon.*

*J'ay reçu de M. Philibert Collet, la somme de 2.300 livres, pour la finance de l'office de conseiller du Roy, maire du lieu et communauté de Chastillon-les-Dombes et généralité de Dijon, créée héréditaire par édict du mois d'août 1692 pour en jouyr par le pourveu, aux gages de 92 livres par an. Dont sera laissé son dû dans l'estat des finances de ladicte généralité, aux honneurs, droicts, prééminences, privilèges, fonctions, attributions, exemptions de tutelle et curatelle, guet, garde, ban, arrière-ban, taille, logement de gens de guerre et autres. Le tout ainsy qu'il est plus au long porté par ledict édict fait à Paris, le 9 août 1694.*

*Signé :* Bertin.

*Enregistré au Conseil général des finances par nous, escuyer conseiller du Roy, garde des registres du conseil général des finances de France.*

*A Paris, le 23 août 1694.*

*Signé :* Soubeyran.

Ainsi, au-dessus de la communauté, il y a deux personnages : le châtelain et le maire. Et ces deux personnages sont d'un ordre tout différent. Le chatelain, c'est le représentant de celui qui possède le fief ; le maire, c'est le représentant de l'autorité royale. Le chatelain est là pour rappeler à la ville à qui elle appartient en propre, pour veiller à la sauvegarde des intérêts du propriétaire, et c'est le maire qui administre véritablement. L'un est l'intermédiaire entre la communauté et le possesseur du lieu, l'autre est l'intermédiaire entre les citoyens et l'autorité suprême.

Mais, dans l'administration de cette ville, n'y a-t-il donc aucune part laissée à la ville elle-même ? Si bien, car, avec le chatelain et le maire, il y a les syndics.

Les syndics étaient au nombre de deux à Châtillon, assistés de huit consyndics. Les syndics étaient ce que sont à peu près maintenant nos conseillers municipaux. Ils sont nommés pour deux ans seulement, et nommés par le peuple assemblé, à cet effet, à la Maison de ville.

La création des syndics remonte à 1521, où elle avait eu lieu en un conseil tenu dans la halle en présence du châtelain, le jour de la Saint Etienne *(Archives municipales)*.

Les syndics délibèrent sur toutes questions locales : entretien des rues, des édifices, des remparts ; nomination aux emplois de la paroisse : marguillier, collecteur des revenus... ; réglementation du prix des denrées et matières de consommation ; administration des biens communaux ; contrats de vente ou d'achat de la ville ; état de ses finances... Ils règlent le montant des octrois, rédigent les réclamations de finances et d'administration, se rendent à l'assemblée du bailliage. Ils sont la représentation la plus exacte de la ville : un prince est-il de passage dans le voisinage, c'est un syndic qui est délégué pour aller le saluer de la part de sa ville. Les consyndics sont des personnages secondaires ayant voix consultative au conseil.

En un mot, les syndics sont nommés par la communauté et pour la communauté.

Le conseil des syndics est assisté d'un secrétaire renouvelable, comme les syndics, tous les deux ans. Il est chargé de donner les extraits des délibérations et des contrats de la ville ; il reçoit les donations faites au profit de l'Hôtel-Dieu et des pauvres. Ses fonctions sont gratuites ; mais il jouit de certains privilèges : exemption de taille, de logement de gens de guerre, etc.

Le personnel de l'administration de la ville est complété par un juge ordinaire, un juge des appellations, un greffier et un procureur d'office.

Le greffier est le personnage chargé de la transcription, de la garde et de l'expédition des actes d'une juridiction. Les greffes avaient été érigés en offices en 1521, par François Ier, et cela devint une ressource fiscale importante pour le gouvernement, le nombre des greffiers étant considérable.

Le Procureur d'office était un officier public dont la fonction consistait à comparaître en jugement pour les parties, à instruire leurs causes et à soutenir leurs intérêts.

A l'origine, les procureurs n'avaient point de caractère officiel, et n'étaient que des mandataires ; il fallait même devant les juridictions royales, une autorisation spéciale pour plaider par procureur.

Puis, peu à peu, les évêques, barons, chapitre, cités, villes, sont dispensés de comparaître en personne. La dispense ne tarda pas à s'étendre à tout le monde, et il y eut alors, auprès des cours de justice, des procureurs en titre. En 1586, les charges de procureurs furent dans les juridictions royales déclarées héréditaires et à la collation du roi. A partir de 1629, les procureurs furent établis en titres d'offices. Pour être procureur, il fallait être laïque, âgé de vingt-cinq ans accomplis, avoir travaillé pendant dix ans en qualité de clerc chez un procureur, et être inscrit sur les rôles de la Basoche du Palais.

Les procureurs prenaient le titre de maître, et portaient au Palais la robe noire à grandes manches, le rabat et le bonnet carré ; ils avaient rang dans les cérémonies après les avocats et jouissaient du privilège de committimus (1).

Ainsi, il y a eu sous l'ancien régime une sorte d'organisation communale. C'est du XVII^e au XVIII^e siècle que s'organisent ces municipalités ; aux XVII^e siècle, il y a déjà presque partout des scindics ; nous venons de le voir, il y en avait à Châtillon. C'est une organisation qui se fit, non par des ordonnances royales, mais sous l'action des intendants, et l'histoire a ignoré longtemps ce travail obscur.

Ce n'est pas tout. Bientôt va apparaître une organisaplus semblable encore à celle d'aujourd'hui : une assemblée générale des citoyens va se tenir, à laquelle même se substituera une sorte de conseil municipal, substitution consacrée par des ordonnances royales.

Jusqu'à ces ordonnances, il y a eu tout un acheminement.

(1) Le droit de committimus est un privilège que le souverain accordait à des établissements ecclésiastiques ou civils, même à des particuliers, de n'être pas tenus de reconnaître la juridiction ordinaire et locale, et de n'avoir d'autres juges que ceux que désigne le privilège.

Les assemblées générales qui les ont précédées sont particulières au XVIIe siècle.

Les dimanches, à la sortie de la messe, tous les chefs de famille se réunissaient pour délibérer sur les affaires du lieu. Cette assemblée n'avait pas tardé à prendre un sens administratif. C'est elle qui élisait un collecteur pour lever la taille — les scindics pour l'administration — et contrôlait leur gestion. — Quelquefois même, quand il en était besoin, il y avait des assemblées sur semaine, et alors la convocation des citoyens se faisait au son de la grosse cloche.

Ces assemblées se tenaient, quand il faisait mauvais temps, à la Maison de ville, ou dans la maison d'un conseiller —, et quand le temps s'y prêtait, sur la place, située devant l'église. Il y était délibéré de tout ce qui intéressait la communauté.

Nous avons vu que, en 1646, lorsque Châtillon voulut se vendre à Gaston d'Orléans, il y eut une assemblée générale qui passa procuration au sieur Tillon pour traiter de la transaction. Ainsi, la communauté ne s'était pas contentée de déléguer à un conseil de scindics une autorité qui leur permette de travailler au soin de ses intérêts : il lui arrivait de prendre en propres mains les affaires d'un certain ordre et d'en décider elle-même.

Ces assemblées générales existaient depuis de nombreuses années, lorsque les ordonnances royales vinrent les sanctionner et les ratifier, et ces ordonnances ne firent que régler et reconnaître un état de choses établi, un régime déjà fonctionnant ; elles le réglaient d'une façon toute précise, le modifiant quelque peu dans sa manifestation.

Elles établissaient, en effet, que les assemblées générales ne pourraient plus être tenues sans la permission du roi — et, pour Châtillon, l'assemblée devait se limiter à la convocation en conseil du corps municipal et de *18 députés*, choisis dans les diverses classes parmi les les avocats et médecins, les notaires, procureurs et greffiers, les marchands ; les aubergistes et boulangers ; les divers métiers, les perruquiers, tailleurs, etc. ; les charpentiers et maçons ; les cultivateurs.

L'assemblée cessait d'être générale.

Pour comprendre et juger l'œuvre, il est de toute utilité de donner en texte propre ces ordonnances.

## RÈGLEMENT

*pour les assemblées de la ville et communauté*

DE

## Châtillon-les-Dombes

*du dix septembre mil sept cent soixante-dix-huit.*

De par le Roi :

Sa Majesté, étant informée que les Assemblées générales de la Ville et Communauté de Châtillon-les-Dombes, sont peu nombreuses ; que les notables habitans refusent de s'y trouver, ce qui est contraire au bien de l'administration de ladite Ville, dans les circonstances où il est nécessaire de connaître le vœu général de la Communauté ; à quoi désirant pourvoir, Sa Majesté a ordonné et ordonne ce qui suit :

### Article premier

Tous les notables Habitans de la Ville et Communauté de Châtillon-les-Dombes, payant au moins 3 livres de principal de taille, seront tenus de se trouver aux Assemblées générales de ladite Ville, excepté en cas d'absence et de maladie, ou autre empêchement légitime, et d'y délibérer sans confusion ni tumulte, sur les objets qui seront mis en délibération.

ARTICLE II.

Le Syndic perpétuel, ou en son absence, celui qui présidera l'Assemblée, demeure autorisé, sur la réquisition qui en sera faite par le Procureur-Syndic, à prononcer des amendes, lesquelles ne pourront être moindres de 10 livres, soit contre ceux qui se seront absentés de ladite Assemblée, sans excuse ni cause légitime, soit contre ceux qui exciteront du tumulte; et seront lesdites amendes applicables au profit de Sa Majesté.

ARTICLE III.

Aussi tôt que les amendes seront prononcées, le Syndic perpétuel, ou celui qui aura présidé l'Assemblée, sera tenu d'en envoyer l'état au sieur Intendant et Commissaire départi de la Province de Bourgogne, avec les noms de ceux qui les auront encourues, et les motifs de la condamnation ; et ne pourront les dites amendes être remises, ni modérées, si ce n'est pas ledit sieur Intendant et Commissaire départi, sur l'opposition qui pourra en être formée devant lui.

ARTICLE IV.

Pourra le Syndic perpétuel, ou celui qui présidera l'Assemblée, en faire sortir ceux qui, même après la prononciation de l'amende, continueront de causer du trouble, et il en sera fait expéditions, pour être envoyées, sur-le-champ, l'une au Secrétaire d'Etat de la Province, et l'autre au sieur Intendant et Commissaire départi.

ARTICLE V.

Lorsqu'il s'agira de nommer des Officiers municipaux, sur l'ordre qui en sera donné par le Secrétaire d'Etat de la Province, les délibérations seront formées en la manière accoutumée, et il sera proposé au moins trois sujets pour chaque place à remplir. Le procès-verbal qui sera dressé de ladite nomination contiendra le nombre de voix qu'aura eu chaque sujet proposé, et la profession.

ARTICLE VI.

Mande Sa Majesté au sieur Intendant et Commissaire départi, de tenir la main à l'exécution du présent Réglement, lequel sera imprimé, lu, publié et affiché partout où besoin sera, avant la première Assemblée qui se tiendra, même une seconde fois à la dite Assemblée, et inscrit sur les Registres de l'Hôtel-de-Ville. Fait et arrêté par le Roi, en son Conseil, Sa Majesté y étant, tenu à Versailles le dix septembre mil sept cent soixante-dix-huit.

Signé : LOUIS.

Et plus bas : AMELOT.

Guillaume-Joseph Dupleix, chevalier, seigneur de Courson, Burcy, Bacquencourt et autres lieux, conseiller du Roi, en ses conseils, Maître des Requêtes honoraires de son hôtel, Intendant de justice, police et finances, dans les Provinces de Bourgogne, Bresse, Bugey et Gex, Commissaire départi par Sa Majesté pour l'exécution de ses ordres dans lesdites Provinces.

Vu le présent Règlement,

Nous, Intendant susdit, ordonnons qu'il sera exécuté selon la forme et teneur ; et à cet effet, lu, publié et affiché par tout où besoin sera, à ce que personne n'en ignore.

Fait le vingt-un septembre mil sept cent soixante-dix-huit.

Signé : DUPLEIX.

Et plus bas, par Monseigneur

ACHER DE MORTONVAL.

Cette ordonnance n'eut pas les résultats désirés, et elle dut être répétée et complétée par celle de 1787, que nous jugeons également utile de reproduire, en omettant toutefois les articles qui ne font que répéter ceux de la première ordonnance :

## RÈGLEMENT

*Pour l'Administration municipale de la Ville*

DE

## Châtillon-les-Dombes

*Du 25 Mars 1787.*

DE PAR LE ROI,

Sa Majesté étant informée que les Assemblées générales qu'il est d'usage de convoquer dans la Ville de Châtillon-les-Dombes, conformément à son Règlement du 10 septembre 1778, pour délibérer sur les affaires de la Communauté, sont ou peu nombreuses, ou tumultueuses;

en sorte que, dans l'un ou l'autre cas, lesdites affaires n'y sont point discutées comme elles devraient l'être; et voulant y pourvoir, Sa Majesté a ordonné et ordonne ce qui suit :

ARTICLE PREMIER

A compter du jour de la publication de la présente Ordonnance, les Assemblées générales des habitans de la ville de Châtillon-les-Dombes, ne seront composées que du Corps municipal et de dix-huit Députés, qui seront choisis par les sept classes désignées en l'état ci-annexé ; voulant, Sa Majesté, que les Assemblées générales, telles qu'elles ont été en usage jusqu'à ce jour, ne puissent être convoquées à l'avenir, sans sa permission expresse.

ARTICLE II.

Pour cet effet, tous les Membres de chacun des Corps qui composent lesdites classes, seront tenus de s'assembler incessamment, à l'effet de nommer les Députés qui entreront sur le champ en exercices, jusqu'au 1er janvier 1788.

ARTICLE III.

Dans le courant du mois de décembre, de la présente année, il sera tenu une semblable assemblée, à l'effet de pourvoir au remplacement des Députés pour l'année 1788, et il en sera ainsi chaque année.

ARTICLE IV.

Lesdits Députés seront tenus, dans la huitaine de leur nomination, de se présenter à l'Hôtel-de-Ville, avec l'acte qui en aura été dressé, pour y être enregistré.

ARTICLE V.

Ordonne Sa Majesté auxdits Députés d'assister exactement à toutes les Assemblées générales...

ARTICLE VI.

Le Syndic perpétuel, ou en son absence, celui qui présidera l'Assemblée, demeure autorisé, sur la réquisition qui en sera faite par le Procureur-syndic, à prononcer des amendes, lesquelles ne pourront être moindres de cinq livres, soit contre ceux qui se seront absentés de ladite Assemblée, sans excuse ni cause légitime, soit contre ceux qui exciteront du tumulte, et seront lesdites amendes applicables au profit de Sa Majesté.

. . . . . . . . . . . . . . . . . . .

ARTICLE IX.

Permet Sa Majesté aux Ecclésiastiques, aux Nobles et Privilégiés, de députer, lorsqu'ils jugeront à propos, trois d'entre eux aux dites Assemblées générales, lesquels donneront leurs voix et suffrages, comme les autres Députés.

ARTICLE X.

Ordonne, Sa Majesté, que son Ordonnance du 10 septembre 1778, sera exécutée dans toutes ses dispositions, auxquelles il n'est pas dérogé par le présent Règlement.

ARTICLE XI.

Mande Sa Majesté audit sieur Intendant et Commissaire départi en Bourgogne, de tenir la main à l'exécution du présent Règlement, lequel sera imprimé, lu, publié et affiché partout où besoin sera, et inscrit sur les registres de l'Hôtel-de-Ville de Châtillon-lès-Dombes.

Fait à Versailles, le vingt-cinq mars mil sept cent quatre-vingt-sept.

Signé : LOUIS.

Et plus bas, le

BARON DE BRETEUIL.

## Etat des Habitants.

*Etat des habitans et artisans de la ville de Châtillon-les-Dombes*, que Sa Majesté a jugé à propos de faire distribuer en différentes classes, lesquelles nommeront le nombre de Députés que Sa Majesté a fixé pour chacune d'elles, à l'effet d'assister aux Assemblées générales de ladite ville.

| Classes. | DÉPUTÉS de chaque classe. |
|---|---|
| Iº. — Les Avocats, Médecins et Bourgeois. | 2 |
| II. — Les notaires, procureurs, chirurgiens, commissaires à terrier et greffiers. | 4 |
| III. — Les marchands-drapiers, confiseurs, épiciers, clincaillers et autres, en gros et en détail, orfèvres, horlogers et maîtres d'école. . . . . . . | 4 |
| IV. — Les aubergistes, cabaretiers, cafetiers, boulangers, huissiers . . . . . | 2 |
| V. — Les perruquiers, tailleurs, frippiers, chapeliers, vitriers, ferblantiers, blanchisseurs, tanneurs, bonnetiers, cordonniers et plâtriers. . . . . . | 2 |
| VI. — Les tissiers, charpentiers, menuisiers, maréchaux, cloutiers, maçons, tailleurs de pierre, charrons, bonnetiers et bourreliers . . . . . . . . . | 2 |
| VII. — Les laboureurs, jardiniers, vignerons, meuniers et pourvoyeurs . . . . | 2 |
| Total . . . . . | 18 |

Pour conclure, cette organisation d'une administration communale en conseil de scindics et en conseil issu de l'assemblée générale des citoyens, était apparemment un système fort libéral. C'était là visiblement la forme la plus proche du régime moderne, où la volonté publique s'exprime par le vote, et on en pouvait attendre d'excellents résultats.

Malheureusement, ni l'assemblée, ni les officiers élus par elle ne jouissaient de la moindre indépendance. Il était trop évident que la royauté n'avait poussé les paysans à s'organiser en communautés que pour assurer par la solidarité de tous les habitants, la perception de la taille. Nos communes villageoises n'eurent pas d'autre raison d'être qu'une raison fiscale.

Ensuite, le seigneur du lieu, bien qu'il ne fît point partie de l'assemblée des habitants, pesait sur elle de tout le poids de son influence, de sa fortune, de ses privilèges, de ses droits féodaux.

Enfin, l'intendant exerçait sur elle la plus dure tutelle administrative. Pour une dépense dépassant 25 livres, il fallait solliciter son autorisation. Il désignait aux suffrages de l'assemblée les candidats de son choix, cassait les élections qui lui déplaisaient, nommait le collecteur et les scindics, faisait marcher ceux-ci à son gré ; au cas de résistance, il les mettait à l'amende ou les emprisonnait. Aussi, il était arrivé que l'on fuyait les honneurs municipaux avec autant de soin que l'on met aujourd'hui à les rechercher.

En 1702, le roi avait essayé de créer dans chaque paroisse des scindics perpétuels, dont l'office était vénal.

Mais il se présenta si peu de gens pour acheter la charge qu'on dut revenir au système de l'élection.

L'édit du 10 septembre 1778, que nous venons de voir, déclare que sa Majesté est informée que les Assemblées générales de la ville et communauté de Châtillon sont peu nombreuses, que les notables habitants refusent de s'y rendre, ce qui est contraire à la bonne administration de la ville. Aussi, ordonne-t-elle que tous les notables payant au moins trois livres de principal de taille seront tenus d'assister aux assemblées, sauf au cas d'absence, ou maladie, ou pour tout autre raison légitime, et on devra y délibérer sans trouble ni tumulte. Ceux qui en seront absents sans excuse valable, pourront être frappés d'une amende qui ne sera pas moindre de dix livres. Etrange disposition, qui surprend au premier abord, car, cette liberté de pouvoir délibérer sur les affaires mêmes de la ville, de pouvoir en un mot se gérer, se gouverner elles-mêmes n'est-ce pas le but vers lequel les communautés ont sans cesse tendu, et l'indépendance n'est-elle pas le rêve des communautés comme celui de l'individu ?

Mais, s'il en est ainsi, c'est que, au fond, comme nous l'avons dit, cette indépendance n'existait pas ; la liberté de s'assembler n'était qu'extérieure; ce n'était, en réalité, qu'un moyen de domination, un point d'appui pour l'autorité suprême, et, ainsi, tout en semblant le favoriser, le pouvoir absolu essi uchait tout apprentissage de la vie politique.

Un fait du reste nous marque la présence de l'autorité royale dans ces assemblées. Une lettre de M. de Feillans, gouverneur de la ville de Châtillon-les-Dombes, à MM. les Maire et Syndics de la ville, et datant de 1707, contient ces mots :

« Messieurs,

« Vous voulés bien que je vous prie de mettre dans votre Hostel de Ville les portraicts de nos maistres. J'ay esté très surpris de remarquer au millieu de vostre zelle que le Roy n'est en aucun endroit de vos assemblées.

« La présence de Sa Majesté imposerait à ceux qui souvent oublient ce qu'ils doivent au lieu où ils sont pour son service... Recevez, etc. »

Deux portraits du roi et du dauphin accompagnaient la missive. L'image royale était donc là pour présider aux Assemblées et pour rappeler à leurs membres quel était le vrai maître, lorsqu'ils étaient tentés de l'oublier,

Un trait non moins caractéristique est une lettre du prince de Bourbon, dont Châtillon dépend :

« *Messieurs les juges, syndics et habitans de Châtillon-les-Dombes,*

« Estimant que l'on ne peut mieux faire pour le bien et l'advantage de Châtillon-les-Dombes que de nommer le sieur Morel pour premier syndic, ceux qui assisteront à la première Assemblée qui doibt se faire pour la nomination des magistrats de ladicte ville nous feront plaizir de luy accorder leurs suffrages.

« Fait à Marly, le douziesme octobre 1731.

Signé : LOUIS-HENRY DE BOURBON. »

Et aussitôt, le Conseil général de la ville, réuni, décrète :

« Le Conseil, ayant ouy lecture des ordres de son Altesse Sérénissime monseigneur le Duc, qu'elle a reçus avec proffond respect, a unanimement nommé pour premier syndicq la personne du sieur Louis Morel, suyvant les intentions de ladicte Altesse... » (1).

## § III.

## Finances.

Sous l'ancien régime, il n'est pas de question qui ait eu plus d'importance que la question financière. Par elle ont été bouleversées les administrations, et par elle s'est hâté le mouvement qui emporta le pays à la grande révolution. Aussi, même en l'administration la plus réduite, même en la petite ville, il est du plus grand intérêt de faire cette étude de chiffres qui nous renseigne sur la fortune comme sur les charges du pays.

Quels étaient les ressources et revenus de Châtillon? — Une partie consistait en rente noble (2). Le droit de coponage, c'est-à-dire le droit de prélever une mesure dite « cope » sur toutes les denrées alimentaires qui se vendaient au marché —; la pension sur les fours bannaux — produit de l'obligation faite aux habitants de cuire leur pain aux fours de la ville — y apportaient leur contribution. De plus, la ville prélevait le sixième de la dîme payée par la paroisse. L'office du greffier constituait encore un revenu. Le tout s'élevait à peu près à mille livres. Il y avait aussi un pré, situé sur le bord de la rivière, dont le produit revenait à la ville. Il existait bien des terrains communaux d'une centaine

(1) *Archives municipales*. B. B. 51.

(2) On appelait rente noble le revenu perçu d'un bien en tant que bien tenu à fief.

de coupées ; mais le sol en était maigre et aride ; il ne produisait que des bruyères, et était surtout utile pour la construction des maisons, parce qu'on y prenait la terre pour faire du plâtre et des torchis.

Si les ressources n'étaient pas énormes, les charges étaient considérables.

La ville est imposée à *m*. IIIC *l*. (1300 livres) pour la taille ordinaire (1), impôt direct payé par les personnes ; — à IIII *xx* XVIII *l*. (98 livres), pour la subsistance, c'est-à-dire pour la contribution de guerre et l'entretien et nourriture des troupes ; elle était imposée à III C IIII *x x* XIII *l*. (393 livres) pour l'exemption des quartiers d'hiver, pendant lesquels les troupes armées, dans l'intervalle de deux campagnes, séjournaient et tenaient garnison dans la ville. Cela constituait un total de plus de deux mille francs.

Les impôts sont levés par commission du roi, c'est-à-dire par des collecteurs en ayant reçu la charge et le mandat du roi.

Les charges et dépenses de la ville étant lourdes et se montant annuellement à *m x x l*. (1020 livres) la ville lève, pour y subvenir, un droit de contre-pinte appelé le trézain, prélevant la treizième mesure du vin entrant dans le bourg. Ce droit avait été accordé très anciennement par les ducs de Savoie, puis confirmé par les rois de France, et était patrimonial à la ville.

Le produit en était de 1.000 à 1.500 livres.

En un chapitre distinct, où nous étudierons les impots communaux, nous reviendrons à cet impôt du trézain.

---

(1) Soit environ 1600 francs. Châtillon comprenant 800 citoyens, la charge était d'à peu près 2 francs par individu.

Ce n'est pas tout, Châtillon, qui avait dépensé beaucoup pour la construction de ses remparts et de ses édifices s'était endetté. La dette s'élevait à une somme de de *x m* IIII *x x l.* (10.080 livres). Pour solder l'intérêt d'une telle somme, on s'était vu obligé de prélever un double trézain.

Enfin, la dîme était établie sur la ville et son revenu appartenait aux seigneurs comtes de Saint-Jean de Lyon, qui en étaient collecteurs et possesseurs. Mais ils ne la touchaient pas en entière, seulement aux trois quarts. Un sixième de cet impôt revenait à Mlle de Montpensier, — et le douzième au seigneur de Peyvillant. Le montant en était annuellement de *III c. l.* —ainsi justifié : sur le blé à raison de la douzième gerbe, sur le vin à raison de la vingt-unième mesure, c'est-à-dire que sur douze gerbes, on en prélevait une — et que, toutes les vingt mesures, le fisc s'en appropriait une.

Châtillon avait son grenier à sel ; on appelait ainsi les bureaux établis pour la vente du sel, et les tribunaux qui jugeaient en première instance les affaires relatives à la gabelle.

## § IV

## Religion.

Dans Châtillon, comme partout ailleurs à cette époque, l'élément religieux était considérable. Châtillon est de l'archevêché de Lyon et n'a qu'une paroisse. L'église est dite collégiale, c'est-à-dire desservie par des chanoines, bien que n'ayant pas de siège épiscopal.

Ce n'est cependant que fort tard que Châtillon a occupé un rang dans la hiérarchie ecclésiastique. Au XIIe siècle, on ne trouve qu'une chapelle, sous le vocable de la Sainte Vierge, et qui s'élevait dans l'enceinte même du château.

Autour de 1110, l'archevêque de Lyon, Ganceran, fit don de cette chapelle à l'abbaye d'Ainay, donation confirmée en 1124, puis le 5 mars 1135 par l'archevêque Pierre, le 23 février 1153 par le pape Eugène III, et en 1250 par le pape Innocent IV. Ce fut jusqu'au XVII^e siècle que les abbés d'Ainay nommèrent à la cure de Châtillon. A cette époque seulement, la collation en échut aux archevêques de Lyon.

Cette première chapelle subsista longtemps, car le procès-verbal de la Réduction des pays de Bresse, Bugey, Valromey, à « l'obéyssance du roy François I^er», et datant de 1534, porte encore dans la « chastellainie de Chastillon-les-Dombes, une chapelle. »

Cependant, au XIII^e siècle, notre ville, en passant aux mains des ducs de Savoie, avait trouvé des princes bienfaisants. La cité s'accroissant et se développant, Philippe de Savoie qui, nous l'avons vu, lui avait, en 1272, concédé ses premières franchises, la même année fit jeter les premiers fondements de l'église de Saint-André. Les ducs, ses successeurs, contribuèrent à l'édification de l'église, jusqu'en 1437, ou Rodolphe, évêque d'Embrun, vint y consacrer un autel en l'honneur de Saint-Eloi, évêque et confesseur, lequel autel avait été fondé par legs de Pierre de Bourg, prêtre.

M. Jauffred, dans sa correspondance, raconte qu'en 1828, en démolissant un autel, on trouva une inscription, ou plutôt un écrit sur parchemin en latin et contenant ce texte :

« Rodolphus miseratione divinà Epi^sus Ebro^ci vicarius

CHATILLON-SUR-CHALARONNE

FAÇADE OUEST DE L'ÉGLISE

in Crop$^{ris}$ et D$^{ni}$ Amedei de Talaru eàdem miseratione archie$^{pi}$ et comitis lugd$^{un}$ atque galliarum primatis........ pri$^{nc}$ epi$^{sus}$ in hàc parte deputatus et missus p$^{ntes}$ l$^{ras}$ ins$^{uris}$ notum facimus quod anno D$^{ni}$ millesimo quadringen$^{mo}$ trige$^{mo}$ septimo et die decima mensis Augusti Re Amœ et de mandato ac virtute comissionis Al$^{mi}$ D$^{ni}$ archie$^{pi}$ hoc p$^{ns}$ altare ad honorem (1)......... E$^{pi}$ et confessoris in caplâ Sti Andrœ Castellione Dumbarum per Deffunctum D$^{um}$ Petrum de Burgite p$^{brum}$ quondam fundatum auctore deo Confeecc$^{imus}$ et reliquies quœ sunt de Stis Dyonisio et Georgio venerandas in eodem venerabile Recondimus et Reposuimus. Erectum et datum anno die et loco Dictis (2). »

Il s'agit là d'un parchemin rappelant la consécration de cet autel par l'évêque d'Embrun, envoyé par l'archevêque de Lyon, en remplacement de l'évêque de Belley qui se trouvait ou absent ou malade.

L'église, grâce aux bienfaits des ducs, n'allait pas

---

(1) Le nom est effacé sur le document.

(2) Nous, Rodolphe, par la grâce de Dieu, évêque d'Embrun, vicaire en le Christ de prince et mon Seigneur Amédée de Talaru par la même grâce archevêque et comte de Lyon et primat des Gaules — nous prince évêque délégué et envoyé en ce pays, à ceux qui la présente lettre liront faisons connaître que, en l'an du Seigneur mille quatre cent trente-sept, le dix du mois d'août, et sous le règne d'Amé, en vertu du mandat et du pouvoir à nous commis par Monseigneur l'archevêque — nous avons dans la chapelle de Saint-André de Châtillon-les-Dombes, édifié en l'honneur de X...... évêque et confesseur, et avec l'assistance de Dieu, le présent autel fondé jadis par défunt Pierre de Bourg, prêtre ; et en cet autel sacré nous avons renfermé et déposé les vénérables reliques des saints Denis et Georges — Fait et daté en l'an, jour et lieu dits...

tarder à se développer. En 1478, une Société de prêtres y est établie, dont les membres prennent le titre de prêtres *sociétaires*. En 1480, Charles de Bourbon, archevêque de Lyon, en approuvait le règlement, de même que le pape Alexandre VI, quelques années après, en confirmait les privilèges. La même année 1480, l'église de Châtillon était annexée à celle de Buénens, située sur la route de Sandrans, placée sous le vocable de saint Martin, et le service de cette double paroisse fut fait par la Société nouvellement fondée qui comporta comme membres six sociétaires, plus le curé à leur tête.

D'après les règlements, le curé devait être nommé par les comtes de Lyon, et, d'après les privilèges concédés, les prêtres sociétaires percevaient une rente en blé sur une terre située à Mont-Pupil, sise en la paroisse de Saint-Etienne.

Telle était l'organisation de l'église de Châtillon, lorsque Saint Vincent de Paul, en 1617, en fut nommé à la cure. Nous réservons un chapitre spécial au passage du saint dans notre ville.

Depuis longtemps des fondations avaient contribué au soutien et au développement de la Société. Dès 1433, nous voyons noble Amé Bageat, fonder « au proffict des sieurs curé et societtaires de Chastillon une grand'messe tous les jours de l'année, pour le salut de son âme et l'âme des siens » (1).

En 1484, autre grand'messe tous les jours, fondée « *au proffict des sieurs* curé et sociétaires... » par sire Guillaume Rethori (2), en son testament reçu par Etienne Juvanon et Antoine Alizat, notaires.

---

(1) *Archives de la préfecture de l'Ain*, G. 14.
(2) id. id.

La même année, testament de Guillaume Peylappra qui élit sa sépulture en l'église de Châtillon y fait de nombreuses fondations de messes, et donne tous ses biens à l'église.

Le 6 février 1515, Claude Loup établit au principal de de 300 florins, une fondation de matines avec grand'-messe (1).

En 1518, fondation par Claude Bertha d'une grand'-messe au prix de 12 florins à prendre sur le moulin de ville (2).

L'an 1650, clause du testament de Claude Guichenon qui laisse une rente de 5 florins à l'église et y fonde une messe annuelle des morts.

Et cependant les choses étaient loin de bien aller dans notre Société. L'entente n'était pas toujours exemplaire, entre sociétaires et curé. Pour la répartition entre eux des différents services du culte, aussi bien que pour la perception et le partage des revenus, les discussions et les querelles s'élevaient souvent. En 1462, une transaction passée entre le curé de Châtillon et ses prêtres porte « arrangement du service du culte entre les parties, et réglement pour la perception et le partage des fruicts et oblations, le tout pour obvier aux contestations et divisions qui partagent ce clergé (3). »

Louis Abelly, évêque de Rodez, dans sa *Vie du vénérable Vincent de Paul*, publiée en 1624, nous fait une peinture originale de la vie des sociétaires à cette époque :

---

(1) *Archives de la Préfecture de l'Ain*, G. 14.
(2) id. id.
(3) id. id.

« L'Eglise de Chastillon avoit esté privée depuis près de quarante ans de la présence de ses pasteurs. Les bénéfices qu'ils possédaient à Lyon leur faisoient quitter le soing et mépriser la compagnie de cette église, leur légitime épouse, parce qu'elle était pauvre.

« Les six chapelains qui la desservoient ne luy faisoient pas moins de tort par leurs scandales que les curés qui l'abandonnaient luy avoient apporté de préjudice par leur absence. La plupart des habitans suivoient la religion prétendue réformée; ceux qui faisoient profession de la religion catholique vivoient dans l'ignorauce des choses du salut et ne cédaient presque point aux hérétiques dans le desrèglement des mœurs. Le temple matériel estoit aussi négligé que le spirituel; on ne voyait en toutes ses parties ny la netteté ni la décence requise.

« Les murailles étoient toutes noircies de la fumée que faisoient les luminaires de poix, résine, qu'on y brûloit. Les austels estoient dépourvus d'ornemens; les offices divins estoient célébrés sans révérence et sans attention. Enfin, ce sainct lieu servoit aux ecclésiastiques et aux laïques à se promener et discourir comme s'il avoit esté destiné aux usages ordinaires et communs... Ils alloient dans les cabarets et hantoient les mauvaises compagnies.

« Ils faisoient confesser en commun les enfans depuis l'asge de 7 ou 8 ans jusqu'à 14, les interrogeant publiquement sur les péchés qu'ils pouvoient avoir commis. De cet abus, qui estoit presque universel dans la Bresse, naissoient entre eux mille désordres... Autre abus : ils avoient coutume d'exiger de l'argent ou aultres choses équivalentes avant que d'entendre les confessions, et, par cette concussion simoniaque, ils empêchoient plusieurs pauvres gens de recevoir ce sacrement, jusques-là que quelques-uns avoient passé pour ce subject plus de 7 ans sans se confesser... »

D'autre part, l'influence religieuse à Châtillon avait été bien compromise par l'introduction de diverses sectes. « Il y avait autrefois, écrit Guichenon, des Juifs ; mais pour avoir fait diverses impiétés et scandales, ils en furent chassés par édit d'Amé VII, en l'an 1429, en même temps que Marie de Berry, duchesse de Bourbonnois, dame de Beaujeu et de Dombes, et Amé de Talaru, archevesque de Lyon, expulsèrent ceux de Trévoux, qui s'estoient réfugiés par la permission des sires de Thoire et de Villars. Paradin, en son histoire de Lyon, récite avoir veu des lettres d'Amé de Savoye dattées à Tonon de 1429, par lesquelles il prit en sa sauvegarde les Juifs qui s'estoient retirés en ses Etats fors ceux auxquels on aurait fait le procès à Chastillon et à Trévoux. »

Plus tard, ce furent les Réformés. Dès 1528, il avait été question de réforme religieuse à Bourg, et les Etats de Bresse y siégeant à cette époque, les députés des principales paroisses qui les composaient firent « deffense à tous masles ou femelles de parler en public et en particulier en faveur de Luther, à peine de treize traits de corde.... »

Ce qui n'avait pas empêché le nombre des adeptes de s'accroire à Châtillon comme ailleurs.

Un tel état de choses motiva l'intervention des supérieurs. En 1478, une transaction était faite entre curés et sociétaires, sur l'ordre de Charles de Bourbon, cardinal archevêque de Lyon, par son official, pour arriver à régler les différends qui règnaient dans la Société (1). La

(1) *Archives municipales*, G. 13.

mesure ne suffit pas. Nous retrouvons un mandement de l'archevêque de Lyon, Denys Simon de Marquemont étant en tournée pastorale à Châtillon le 14 juin 1614, et qui rendu et publié à la requête des habitants de la ville, veut mettre la paix entre curé et sociétaires :

« Premièrement, nous prions et exhortons en nostre dignité de toute l'affection à nous possible, le sieur curé et les prêtres sociétaires de se comporter, en la célébration de la sainte Messe et aultres offices divins, avecque telle dévotion et modestie que le peuple excité à la piété par un sy bon exemple, ne puisse trouver subject de former aucune plainte contre eux... Deux messes devront être dites par jour au grand autel, à 5 et à 8 heures... Nous enjoignons aussy au curé et à ses vicaires d'avoir des livres du baptistaire, mariage et mortuaire, qui soyent conservés soigneusement en l'église dans un coffre ou harmoire qui ferme à la clef, dans lequel ils seront toujours tenus, sans qu'ils puissent estre transportés dans les maisons des particulliers ny ailleurs, affin que ceux qui en auront affaire les puissent trouver pour en avoir des extraicts......

« Des catéchismes publics et populaires seront faits le plus souvent possible..... »

Mais, il n'y eut que l'arrivée de Saint-Vincent-de-Paul peu d'années après pour remédier à ces abus et transformer cette triste situation. Grâce au saint et à ses successeurs, l'église de Châtillon retrouva son éclat. Elle devait acquérir tout son développement en 1652, lorsque, par suite de la générosité d'Antoine Blanchard, elle fut érigée en église collégiale. Ce Blanchard, notaire et châtelain de la ville, en avait déjà été le bienfaiteur, nous l'avons vu, en 1645, lorsque, Châtillon se vendant à Gaston d'Orléans — il avait fait en son nom l'emprunt nécessaire à l'acquisition. Il ajouta à ses bienfaits en faisant élever, avec l'approbation de l'archevêque de Lyon, le cardinal de Richelieu, les prêtres sociétaires à la dignité de chanoines.

Cette tranformation constitua un chapitre composé de six chanoines et d'un doyen, d'un sacristain, d'un chantre, de cinq enfants de chœur.

Pour légitimer cette érection et fonder deux autres canonicats, de sorte que fût porté à huit le nombre des chanoines, Blanchard fit le don d'une somme de 10.200 livres tournois.

Le chapitre est l'Assemblée des chanoines d'une église cathédrale ou collégiale. Les chapitres jouissaient autrefois de grands privilèges ; ils échappaient souvent à la juridiction épiscopale, ne relevaient que du métropolitain, et se recrutaient eux-mêmes.

Les chanoines avaient été jadis exclusivement les membres d'un conseil ecclésiastique placé près des évêques pour les assister et vaquer aux offices de la cathédrale. Les honneurs et profits que conférait le titre de chanoine étaient grands ; ce fut un titre recherché et multiplié. Et c'est pour cela que l'on augmenta le nombre des chapitres, et qu'on en établit auprès d'églises qui n'avaient pas le caractère de cathédrales.

Le doyen était le président du chapitre : il se confondait toujours avec le curé de la paroisse.

Le doyen a double prébende. La prébende est la portion des biens en nature ou en argent d'une église cathédrale ou collégiale, assignée à un ecclésiastique, à charge pour lui de certaines fonctions. La prébende de chaque chanoine était de 211 livres.

Le revenu de la cure valait annuellement IIII c[l] et ce sont les seigneurs comtes de Saint-Jean de Lyon qui en étaient collateurs.

Ainsi brillante était l'église de Châtillon. L'édifice s'embellit sans cesse et reste le remarquable monument que nous pouvons encore voir. Une pièce d'archives relatant la construction d'un maître autel nous montre quel luxe on y apportait. Il s'agit d'un maître autel édifié par le sculpteur Claude Régnier, de Bourg, à qui l'adjudication en avait été donnée le 16 novembre 1743. L'adjudicataire devait livrer les travaux dans les deux ans. Le prix de l'adjudication fut de cinq mille trois cent soixante et dix livres « pour un autel à tombeau de marbre avec les marches et les boisages derrière. Ledit autel, avec les accompagnements qui seront en haut et autour de leur crucifix, est un autel à tombeau Bois avec ses ornements devant de bois doré comme à tout le boisage. Le tabernacle est comme il est marqué au second dessin, et dessus ledit autel de bois ledit Régnier y fera un tabernacle avec une gloire au-dessus et deux anges en adoration. Le tout d'une grandeur convenable, et ladite gloire sera faite de manière qu'elle se pourra ôter, pour la mettre sur l'autel de marbre et placer sur le gradin de marbre. Le corps de l'autel sera de marbre de Gêne... »

Le jour de la Fête-Dieu de l'an 1731, la grosse cloche de la paroisse fut « par accident cassée, ce jour qu'on la sonnoit pour la solennité de ceste feste. »

On dut pourvoir au remplacement de la cloche. Le sieur Chaussard, maître fondeur, en fut chargé, moyennant la somme de 450 livres, et l'installation donna lieu à de grandes fêtes. La cloche fut baptisée au nom du duc d'Orléans ; sur son bronze on grava ses titre et ses armes. Le duc délégua M. de La Fayette, son intendant en Beaujolais, pour le représenter à la cérémonie, et Mlle de Bellecombe y figura comme marraine. On dépensa 254 livres pour la célébration de ce baptême (1).

Il y avait aussi à Châtillon différents ordres religieux établis.

Les capucins y posédaient un couvent. Ces capucins étaient une congrégation de religieux mendiants se rattachant à l'ordre de Saint-François et ainsi nommés de la forme particulière de leur capuchon. Fondés en 1525, par Mathieu Baschi, frère mineur observantin du duché de Spolète, indroduits en France sous Charles IX, ils y jouissaient d'une grande popularité et se recrutaient surtout dans les rangs inférieurs de la Société. Ils se distinguaient par une robe brune, la longue barbe, leurs pieds nus chaussés de sandales.

Le couvent des capucins était une mission composée de cinq prêtres et de deux frères lays, — c'est-à-dire de membres qui n'entraient pas dans les ordres et étaient consacrés aux travaux matériels, aux bas offices de la communauté.

Vers la fin du xvie siècle, une peste affreuse avait dévasté la ville. Des capucins venus de Bourg rendirent de tels services en combattant le fléau, que les habitants de Châtillon conçurent l'idée de fonder dans leur ville un couvent de cet ordre. C'est ce qui fut fait. La mission était établie en 1632 sous la protection des apôtres Saint Pierre et Saint Paul. En 1670, leur couvent fut la proie de l'incendie qui, le 28 septembre, réduisit en cendres Châtillon.

(1) *Archives municipales*, B. B. 52.

L'obituaire (1) des capucins de Bourg et de Châtillon-les-Dombes (2), nous donne la liste des religieux qui furent enterrés dans le couvent :

1. — R. P. Rabutin de Chauffailles, prêtre, mort au service des pestiférés.
2. — Fr. Mansuet de Villefranche, lais, 6 mars 1639.
3. — R. P. Denis de Bourg, prêtre, janvier 1655.
4. — Fr. Jean Damascène de Villefranche, lais, 6 mars 1664.
5. — R. P. Yves de Bourg, prêtre, 1665.
6. — Fr. Bonaventure de Perru, clerc, 1665.
7. — Fr. Philippe de Constans, de lais, 12 juillet 1670.
8. — R. P. François-Marie de Nuits, prêtre, 1er mai 1685.
9. — Fr. Juste de Dommartin, lais, 1685.
10. — R. P. Calliste de Châtillon, prêtre, 19 octobre 1686.
11. — R. P. Claude Joseph du Puy, 14 septembre 1700.
12. — Fr. Bernardin de Lion, 15 novembre 1720.
13. — R. P. François de Lion, 29 juillet 1726.
14. — Fr. Nicolas de Bourg, lais, 30 octobre 1727.
15. — R. P. Prosper de Bourg, prêtre, 3 may 1729.

Signé : J.-B. MARTIN.

Les capucins jouirent à Châtillon d'une grande popu-

---

(1) Registre d'une congrégation portant la liste des décès de ses membres.

(2) Aux *Archives de la Préfecture de Bourg.*

larité et de la sympathie de tous ; nous le voyons par la délibération du Conseil du 19 février 1730 :

« Représente le sieur Cherel, scindiq, que pour apport aux soins, attentions et zelle des R. P. Capucins de la mission de cette ville, reconnus de tous les habitans, principalement pour le service des malades, la communauté de cette ville dans tous les temps a tâché de leur marquer sa reconnaissance, surtout dans le temps qu'ils se trouvent obligés de faire des dépenses considérables pour la canonisation ou béatification des saints de leur ordre, et, comme ils doivent faire celle du bienheureux Fidel de Sigmaringen, il parroit qu'il conviendroit leur faire quelques aumônes à ce subjet... » Et le Conseil, dans cette généreuse intention, leur accordait une somme de 120 livres... Leur couvent se trouvait à côté de la maison de ville ; derrière le couvent, sur l'emplacement actuel du champ de foire, s'étendait un vaste clos leur appartenant, et ce clos fut, durant la Révolution, vendu à l'enchère comme bien d'Eglise.

De même, il existait un couvent de religieuses Ursulines, ordre de filles et de veuves suivant la règle de Saint-Augustin, qui avait été fondé en Italie, et introduit en France au XVIe siècle. Leur maison avait à peine 1,600 livres de rente et comprenait 24 religieuses, 6 converses. Elles avaient été établies à Châtillon autour de 1630. En 1632, en effet, nous voyons au registre des délibérations municipales que le sieur Beyvier propose de favoriser l'établissement d'un couvent d'Ursulines à Châtillon. Le Conseil y accédant présenta à ce sujet une demande à l'archevêque de Lyon, à la suite de quoi un couvent d'Ursulines fut fondé.

En 1715, Philippe d'Orléans fit don aux Ursulines de toute la partie haute des ruines du château.

Ajoutons que les pénitents avaient une chapelle à Châtillon. Ces pénitents étaient d'un ordre tout particulier. Lorsque l'usage des pénitences publiques fut tombée en désuétude, il se forma en France et surtout dans le Midi des confréries de Pénitents qui, certains jours de fêtes, allaient processionnellement dans les rues, couverts d'une espèce de sac percé de deux ouvertures à la hauteur des yeux, et en se donnant la discipline. Ces pénitents étaient à Châtillon au nombre de 28.

## § V.

## Commerce. — Productions du sol.

Châtillon est pays de commerce plus que de production. « Cette ville, écrit Guichenon, est plus remarquable par le trafic et industrie des habitants que par aucune aultre chose... »

Il s'y fait d'abord un trafic de poissons, que l'on pêchait dans les étangs de la Dombes, et que l'on exportait ; de même, commerce de blé. Ce blé était récolté en abondance dans les mêmes Dombes, et Châtillon, avec sa grande halle (1), était un actif marché des grains. Il soutenait ainsi la réputation de la Bresse, que Polybe avait surnommée : « *Regionem frumenti feracem...* » On sait, en effet, que la Bresse alimentait la Bourgogne, quand il y avait disette ; d'où l'adage :

*Quand la Bresse nourrit Bourgogne*
*Alors mal se porte la besogne.*

(1) En 1715, des réparations importantes furent faites aux halles, exécutées par Antoine Comte, maître charpentier de la ville (*Archives municipales* BB. 40).

Châtillon se trouvait aussi à la portée des pays vignobles du Beaujolais et du Mâconnais ; des dépôts de vins y étaient organisés, et c'est là que les pays d'alentour venaient s'approvisionner.

L'agriculture est en général négligée, comme cela arrive toujours dans les pays adonnés au commerce. Du reste, les campagnes ont été longtemps dévastées par les troupes de gens de guerre qui y étaient de passage où y séjournaient ; et bien que Châtillon se fut vendu à Mlle de Montpensier pour y échapper, il ne s'en trouvait pas garanti complètement.

Les bois de haute futaie, les bois de chauffage, font défaut ; mais à deux ou trois lieues au nord, s'étendent de vastes forêts.

Des prés s'étendaient, sur les bords de la rivière qui les irriguait et les fertilisait dans ses crues.

Certaines même de ces crues n'étaient pas sans danger pour les riverains : « Dans la nuit du 1er novembre 1777, la rivière de la Chalaronne s'étant grossie, soit par une abondante pluie, soit par la rupture de quelques étangs situés aux environs, l'eau de ladicte rivière s'est répandue dans toute la ville et s'est portée jusqu'au dessus de la troisième marche du grand escalier de l'église, en sorte que la plus grande partie des habitants dont les maisons se trouvaient dans les endroits les plus bas de la ville, ont été exposés à périr dans les eaux... » (1).

Pour le pays, faiblement vallonné, il est très propice à la culture du seigle, mais ne comporte presque pas de vigne.

Grâce aux pâturages et à la culture des céréales, pain

---

(1) *Archives municipales*, BB. 61.

et viande s'y vendaient à bon marché. Le Conseil de ville, par sa décision du 17 août 1714, fixe « le taux du pain : sçavoir que la livre du pain blanc dict miche se vendra un sol huit deniers (o fr. 10 centimes) — et celle du pain bis un sol (o fr. 06 centimes)... » Par sa décision du 9 février 1715, il fait « sçavoir que la livre du pain blanc dit miche, se vendra 16 deniers la livre (o fr. 08 centimes) — et celle du pain bis onze deniers (o fr. 05) — la viande cinq sols la livre (o fr. 30 centimes) du veau, mouton, bœuf — et 4 sols (o fr. 25 centimes) celle de génisse, thourreau, vasche... » (1) *Archives municipales*, BB. 40.

L'élevage des volailles, de nos jours une des richesses du pays, s'y montrait déjà prospère. En août 1727, le Conseil de la ville vota « l'envoi d'une douzaine de chapons au sieur Parent secrétaire de l'Intendant, en reconnaissance de ses bons offices (2).

La coupée de terre dans le pays valait 61 livres. La coupée est un espace de terrain de cent pas en long et dix de large, ou de cinquante pas sur vingt : soit une contenance de mille pas. Le pas valant deux pieds, cela fait une superficie de deux mille pieds, et, en notre mesure à peu près de 650 mètres ; la livre étant de 1 fr. 25, cela nous donne un prix d'environ 75 francs la coupée. C'était, comme on le voit, un taux peu élevé ; la culture. négligée, n'était pas pour donner de la valeur aux terrains, et aussi ces derniers, semble-t-il, n'offraient pas un fonds très fertile.

(1) La livre comprenait 20 sols. et le sol 12 deniers. Le sol valait donc approximativement 0 fr. 06 centimes et le denier, 0 fr. 005. — « Le denier, dit Voltaire, était la deux cent quarantième partie d'une livre d'argent. »

(2) *Archives municipales*, B B. 49.

La charrée de foin se vendait cent livres. La charrée pesant approximativement vingt quintaux — cela établit le foin à 5 livres le quintal.

Nous trouvons, à cette époque, le mode d'exploitation du sol qui subsiste encore chez nous : le métayage. Il n'y a pas de fermes, mais des métairies. Au hameau de Buéneins, d'après la *Déclaration des Biens des Communautés* (Voir aux Pièces justificatives), sur six maisons, il y a cinq métairies. Le métayer ou colon partiaire était un fermier qui partageait avec le propriétaire du fonds qu'il cultivait les fruits des arbres et les productions des récoltes : comme le partage se faisait ordinairement par moitié, on appelait ces colons *medietarii*, métayers. Le colon partiaire, surpris en fraude, perdait, d'après la coutume, sa part de récolte.

## § VI

### Caractère des habitants

Une observation maintenant sur le caractère des habitants de Châtillon, pour compléter la physionomie de la petite ville.

La *Description de Chastillon* (1) extraite d'un mémoire sur le duché de Bourgogne datant de 1694-97 nous dit : « *Les habitans de Chastillon sont paresseux et portés à la chicane* ». N'en voulons par trop à l'auteur de cette note. Cependant, la vérité de ce jugement m'a été quelque peu affirmée par un trait que j'ai relevé,

(1) V. Pièce justificative.

au cours de recherches faites à la Bibliothèque Nationale, parmi les pièces intéressant notre ville. Il s'agit d'un jugement du tribunal de la ville, qui nous renseigne sur les motifs et circonstances. Le voici :

« *Jean-Baptiste, dix ans ou environ, demeurant en ce lieu, assignez par exploit de Morisé huyssier en cette principauté de ce jourd'huy coppié, serment faict par luy de dire vérité, et qu'il a dict estre parent serviteur allié domestique des parties, lecture à luy faicte de la plainte du faict dont il est question.*

*Dépose qu'il i a huit ou dix jours que Claude Picard revenant de garder ses vaches, passant devant la maison de Nicolas Picard, la femme de Nicolas Picard dict au fils dudict Claude Picard : « C'ès donc toi, malandrin, qui as donné un coupt de pierre à ma vache... » et à l'instant pris l'enfan, le getta dans la boue et luy donna plusieurs coups de point sur le derrière de la teste — sur la teste et sur le doz et plusieurs sous — et ce qui est tout ce qu'il a dict savoir. Lecture à luy faicte de sa déposition, a dict icelle contenir vérité, et approuvant a signé...* »

Assurément la femme de Nicolas Picard n'était pas pacifique. Mais elle ne s'en tint pas là. Après Claude Picard le fils, elle s'en prit la semaine suivante à Claude Picard le père. Ecoutez la déposition d'un témoin de la nouvelle scène :

*André Cisaire, vigneron, demeurant à Chastenay, âgé de 20 ans ou environ, assigné par exploit de Morizé huyssier de ceste prévosté, de ce jourd'huy coppié, de laquelle il nous a faict apparoir ce qu'il a pris serment faict de dire la vérité.*

*Dépose que ce jourd'huy sur les cinq heures du matin,*

*allant travailler, a faict rencontre de Claude Picard qui estoit monté sur son cheval, qui auroit dévancé le déposant, et auroit esté surpris de voir la famme de Nicolas Picard qui tenoit ledict Claude Picard à la gorge en luy disant : « Bon enragé chien, il faut que je t'étrangle... » lesquelles parolles ont esté répétées plusieurs fois par la famme de Nicolas Picard, et disant en oultre : « il faut que je te batte à ton tour...» et a vu aussy que la famme dudict Nicolas Picard a deschiré la chemise audict Claude Picard par le collet.... »*

Ainsi, c'était une maîtresse femme. Mais les choses ne pouvaient en rester là. Troisième scène, où le battu — pas content — se venge. Troisième déposition : « Mon-
« sieur le prévost de Chastenay supplie humblement Ni-
« colas Picard, vigneron, demeurant en ce lieu et Marie
« Margueritte Roupanneau sa femme, disant que ce jour-
« d'huy cinq heures du matin 27 juin 1714, elle estant
« dans la voye des graviers, allant travailler à ses vignes,
« Claude Picard aussi, vigneron au dict lieu, estant
« monté sur son cheval, de loin qu'il l'auroit apperçue,
« auroit couru sur elle à toutes jambes de cheval, et,
« estant à elle, auroit descendu de son cheval en disant :
« b..... de g..... est-il possible que tu aies frappé mon
« enfant comme tu as faitct... » et luy disant ces paroles,
« auroit getté le bonnet par terre, prise aux cheveux et
« terrassé par terre, luy auroit donné plusieurs coups
« de point et de pied, arraché ses cheveux, mordu ses
« mains dont ses morsures nous ont paru en sang, et
« continuant ses injures de b..... de g..... de p..... et
« autres injures atrosses, frappant de ses poings et
« pieds sur plusieurs parties de son corps, estant

« grosse de 6 ou 7 mois — pour quoi sa suppliante a recours... »

Voilà qui n'est pas sans originalité et montre que le caractère châtillonnais de l'époque ne manquait pas de vivacité et même, il faut le dire, d'humeur bataillarde.

# CHAPITRE V

## Les impôts communaux. — Le trézain et le commun.

### § I.

### Origine des impôts communaux du trézain et du commun.

Les impôts de la commune, ceux qu'elle a obtenu la permission de lever elle-même — sur son étendue et pour son usage — nous offrent un point d'étude très intéressant ; nous trouvons là une des manifestations les plus précises des libertés de certaines municipalités, et il nous est permis d'y voir la partie la plus importante de leur administration : l'administration financière.

« Autrefois, écrit Philibert Collet (1), il se faisait une économie dans les villes de Bresse — des droits sur le public qui consistent au trézain ou aultres — qui est le droict des entrées dans les villes.

De ces droits, il y en a de patrimoniaux — il y en a d'octroys que le roy accorde pour un temps au lieu que

(1) Explication des Statuts et Coustumes de Bresse, 3e partie, p. 152.

ceulx qui sont le patrimonial des villes ont été accordés par les princes ou seigneurs indépendants qui ont donné lieu à l'établissement des villes, — c'est comme leur dotation ou leur fondation. »

Ainsi déjà à cette époque la commune avait ses deniers et revenus — comme la commune actuelle — et ces droits sont un privilège : c'est un régime d'exception, une faveur du prince.

Et tel est le cas de Châtillon qui a été doté par ses seigneurs de droits patrimoniaux et en particulier des droits de trézain et de commun. Cette dotation remonte à une date ancienne — date perdue — aussi bien que l'acte qui en fait foi. Mais nous avons une déclaration d'Emmanuel Philibert, duc de Savoie, qui, en 1577, renouvelle la concession de ces privilèges.

En effet, le 1er février de ladite année, le procureur ducal de La Lesmontes avait cité en instances devant la Chambre des Comptes de Savoie les scindics et habitants de Châtillon, leur mandant qu'ils aient à se désister du prélèvement de ces droits — ou à présenter les actes faisant foi de ce privilège — et enfin à rendre compte des deniers qu'ils avaient perçus. Les scindics firent toute diligence rour retrouver les actes requis, mais sans résultat ; on acquit la certitude qu'ils avaient été égarés, dérobés ou détruits, soit par le temps, soit à la faveur des changemenhts de souverain ou des passages de troupes, soit par deux incendies successifs qui ravagèrent Châtillon peu auparavant. Lésés dans leur droit, les habitants de notre ville adressèrent une requête au duc, l'assurant que de temps immémorable et par privilèges obtenus des seigneurs ses prédécesseurs ils ont eu pouvoir d'imposer et percevoir — « exiger sur les hostes et vendans vins à détail dans ladicte ville — faubourgs, franchises et châtellenie d'icelle — le droict qu'ils appellent le trézain — ensemble aultre droict qu'ils lèvent dans ladicte ville appelé du commun — le tout pour l'entretiennement des murailles et clostures que pour survenir à leurs autres affaires ». Ils le suppliaient de faire cesser la procédure commencée contre eux — et de bien vouloir les confirmer dans leurs droits et privilèges. Emmanuel Philibert accueillit favorablement leur rerequête ; il confirma et approuva lesdicts privilèges accordés aux suppliants par ses prédécesseurs, et, de sa pleine puissance et autorité, par lettres datées du 13 juin 1577, leur permit « par privilège spécial et perpétuel irrévocable, facilité de pouvoir dorénavant prendre, percevoir et exiger lesdicts trézain et commun à la mesme forme et maniere qu'ils ont faict cy-devant... »

Voici du reste ces importantes lettres :

« Emmanuel Philibert par la grâce de Dieu duc de Savoie — à tous présents et à venir salut ; nos bien amés et féaux les scindis, manans et habitans de nostre ville de Chastillon-les-Dombes en Bresse, nous ont fait dire et remontrer que de temps immémorable et par privilèges obtenus des seigneurs nos prédécesseurs, ils ont eu pouvoir d'imposer et de percevoir, exiger sur les hostes et vendans vins à détail dans ladicte ville, faubourgs, franchises et châtellenie, d'icelle le droict qu'ils appellent le trézain, ensemble autre droict qu'ils lèvent dans ladite ville appelé du commun, le tout tant pour l'entretiennement des murailles et clostures que pour subvenir à leurs autres affaires, en occurence desquels droicts et impôts à la forme des privilèges — les suppléans et leurs prédécesseurs ont toujours jouy pleinement et paisiblement ; ce néant moins serait advenu que dèz le premier jour de février de la présente année nostre procureur patrimonial de La Lesmontes les auroit tirés en instance par devant nostre Chambre des Comptes audit pays, requérant qu'ils eussent à se désister de ladicte exaction à faute de ce faire apparoir desdicts privilèges, et aussy de rendre compte des deniers par eux pour ce cy-devant receus, molestant par tel moyen les supplians en la paisible possession desdicts droicts du privilège. Duquel obtenu comme dict est ayant faite toute diligence de pouvoir trouver ils ont été certifiés avoir été égarés — anhiylés ou autrement dérobés, tant par laps de temps, changement de princes, passages de gendarmerie que pour avoir ladicte ville bruslée deux diverses fois ; à l'occasion de quoy ils sont vexés par nostre procureur patrimonial en la possession desdicts droicts à faute de faire apparoir desdicts privilèges.

« Nous, suppliants très humblement lesdicts manans et habitans de Chastillon, qu'attendu ce que dessus les pertes par eux supportées et anciens privilèges, et possession qu'ils ont desdits droicts de trézain et commun il nous plaise faire cesser tous troubles et empêchemens sur ce survenus et confirmer en tant que de besoin lesdicts privilèges et de nouveau leur accorder lesdicts impôts et exaction. Pour ce est-il que nous mouvons de nostre certaine science, pleine puissance et authorité, heu sur ce l'avis de nos conseillers d'Etat, avons par ces présentes confirmé et approuvé, confirmons et approuvons lesdicts privilèges accordés aux supplians par nos dignes prédécesseurs pour le regard desdictes exactions, trézain et commun, et de nostre puissance et pleine authorité avons permis et permettons par privilège spécial perpétuel et irrévocable aux manans de Chastillon et leurs successeurs, facilité de pouvoir dorénavant à perpétuité prendre, percevoir et exiger lesdicts trézain et commun, à la mesme forme et manière qu'ils ont faict cy-devant les déchargeant en tant que de besoin des exactions pour ce regard par eux faictes par le passé, dict et ordonné qu'ils jouyront pleinement et paisiblement desdicts trézain et commun sanz qu'eux ou leurs sucesseurs soient jamais subjets ny astreints à exiger les privilèges sur ce obtenus et égarés, comme dict est par l'injure du temps, de la preuve de qüoy ensemble des exactions passées les avons relevé par ces présentes, simulant toutes procédures qui pourroient estre faictes à poursuitte de nostre procureur, auquel et à tous aultres sur ce imposons silence perpétuel, à charge toutefois que les manans de Chastillon seront tenus entretenir bien les murs et édifices publics de ladicte ville.

« Et donnons mandement à nos très chers et féaux conseillers, les gens tenans nostre Chambre des Comptes en Savoye, et tous aultres nos ministres et officiers que de nos présentes lettres de confirmation et nouvelle concession de tout le contenu en icelles faire entièrement observer de poinct en poinct selon leur forme et teneur, et ce faisant jouyr et user lesdicts manans et habitans de Chastillon et leurs successeurs desdicts droicts de trézain et commun pleinement, paisiblement et perpétuellement sans leur faire ou donner aucun trouble, empêchement, avec pouvoir aux supplians de contraindre les refusans et délayans au paiement des droicts par toutes voies de justice dûes et raisonnables, nonobstant tous édicts et ordonnances, reigles, et autres choses qui pourroeint faire au contraire du contenu cy-dessus, auquel avons dérogé et dérogeons expressément, voulant les présentes servir à nostre Chambre de première, seconde, et péremptoire jussion, car tel est nostre vouloir.

« En témoignage de quoy les avons signés de nostre main et faict opposer nostre scel accoustumé. Donné à Turin, le treiziesme jour du mois de juin mil cinq cent septante-sept.

*Signé* :

PHILIBERT.

(Extrait pris à son original, exhibé par honorable Anthoine Gomard et Jean Caillard, scindics de la ville de Chastillon-les-Dombes, et à l'instant par eux retiré d'iceluy.

Collation faite par nous Philippe Besson et Jean de la Bochardière, notaires royaux héréditaires soussignés, pour servir ce que de raison, ce dernier jour du mois de may 1619.)

*Signé* : DE LA BOCHARDIÈRE,

BESSON.

C'est là un acte précis qui établit d'une façon définitive le privilège de Châtillon ; mais à cet épisode ne se limite pas l'histoire du privilège. La fin du XVI^e^ siècle fut très agitée pour notre pays ; les guerres, les expéditions militaires se succédèrent ; après une première occupation française, la Bresse était retournée à la Savoie, puis à nouveau elle s'était incorporée au royaume de France ; le 10 mai 1595, Châtillon avait ouvert ses portes aux troupes royales, et durant ces troubles, les officiers de ville avaient été en grand désordre, de sorte que les pièces d'archives témoignant de la concession des ducs avaient à nouveau été égarées ; il n'en restait plus que quelques vieilles copies, aux mains des fermiers prélevant les taxes. Aussi, le six novembre 1608, le conseil de la ville se réunit, et décida d'adresser une supplique au roi de France pour lui demander de reconnaître les privilèges de la ville, cela en prévision de toute difficulté pouvant survenir.

Henri IV répondit favorablement à la requête par des lettres datées de février 1609, et qu'il est intéressant de lire :

«..... Les scindics et habitants de Châtillon-les-Dombes, sur diverses sortes de deniers et marchandises au long déclarées par les anciennes tariffes dont le conseil est bien au long exprimé et duement certiffié par celle-cy jointe avec les lettres dudict Emmanuel-Philibert, nous requérans et supplians très humblement que tant ainsy qu'ils en ont été grattifiés par leur duc précédent seigneur, en ont pleinement et paisiblement jouy, uzé sous leur domination et authorité — maintenant qu'ils sont sous nostre sceptre et domination, nostre bon plaisir soit les y maintenir et conserver et leur octroyer pour cet effect par nos lettres l'authorisation, confirmation et continuation de tous et chascuns desdicts droicts, nous désirons bien et favorablement traitter les supplians et leur donner autant de subjects de se louer de nostre domination et puissance qu'ils en peuvent avoir reçeu desdicts ducs — et faire encore plus pour leur repos, soulagement et contentement, l'occasion s'en offrant selon que par leur fidelle obéissance et subjection ils s'en rendront dignes et le mériteront de nous, avons à iceux supplians authorisé, continué et confirmé et par les présentes signées de notre main de nos grâces spécialles, pleine puissance et authorité royale, authorisons, constituons, conservons et confirmons tous et chacun desdicts droicts — tant du trézain de tout le vin vendu en détail en nostre ville de Chastillon-les-Dombes, faubourgs banlieue et chastellenie d'icelle, que celui du commun, tel qu'il est déclaré par lesdictes lettres et reconnu par les dicts tariffes, pour du tout jouyr et uzer et toujours par la forme et manière contenue dans lesdictes lettres dûement vérifiées, aux charges et pour les effects qu'ils sont destinés comme de tout temps depuis lesdictes concessions ils en ont lieu et duement jouy et usé, jouyssent et uzent encore de présent,

« Donnons en commandement à nos amés et féaux conseillers les gens tenant nostre cour de Parlement et gens de nos Comptes à Dijon et autres nos justiciers et juges qu'il appartiendra, que les présentes, ils vérifient et fassent registrer, et de l'entier effect contenu d'icelles, fassent aussy souffrant et laissant jouyr et uzer lesdicts supplians pleinement et paisiblement ores et à l'avenir, cessant et faisant cesser tout troubles et empêchements, car tel est nostre plaisir.

« Donné à Paris au mois de Février, l'an de grâce 1609, et de nostre règne le vingtiesme.

*Signé :* Henry.

(Extrait des registres du Parlement, par Antoine Hugon, notaire royal, le 30 juin 1691). *Archives de Châtilon*, A. A. I.

La confirmation était faite à perpétuité, et dans les mêmes formes, avec les mêmes tarifs que précédemment. Châtillon devait en jouir jusqu'à la fin de l'ancien régime, sans obstacle ni difficulté.

## § II.

### Le trézain

Mais en quoi consistaient ces droits soit de trézain, soit de commun ?

Le trézain, nous l'avons dit, était une taxe, une quotité levée sur le vin vendu au détail dans la ville par les hôteliers ou cabaretiers.

A la suite de la requête adressée par les habitants de Châtillon, en 1577, au duc de Savoie, nous trouvons toute une série d'articles que l'on proposait à son approbation, et qui, relatifs au droit de trézain, nous donnent de précieuses indications sur sa nature (1).

Tous ceux qui vendent le vin au détail : hôtes, taverniers, cabaretiers et autres, compris dans l'enclos de la ville, dans son faubourg et dans sa châtellenie, doivent payer ledit droit.

Par tonneau de vin contenant deux *asnées* (2) et demi en mesure mâconnaise et trois asnées de la mesure du pays, si le vin se vend à raison de un sol savoie (3) le pot, il sera perçu un florin Savoye (4); si le vin se vend plus ou moins, la taxe variera dans la même proportion.

---

(1) Voir aux pièces justificatives l'approbation du règlement pour la participation des dits droits.

(2) L'asnée valait 80 pots ou litres, soit 2 asnées 1/2 : 200 litres.

(3) Le sol savoie valait un peu moins que le sol tournois, soit le tonneau 0 fr. 20

(4) Le florin savoie est estimé 10 sols, soit : 2 francs (P. Collet, *Statuts de Bresse*).

Sur la quantité débitée par le vendeur, il sera déduit ce qui est nécessaire à l'ouillage, c'est-à-dire pour achever de remplir les tonneaux lorsque la fermentation du vin est terminée. Sur ce rabais à faire, il y a souvent des difficultés : certains portent comme ayant été bu par leur famille du vin qu'ils ont vendu et qui ainsi échappe au droit ; aussi le vendeur devra-t-il comparaitre, assisté de deux témoins dignes de foi et gens de bien, pardevant le châtelain ou le curial, « lesquels arbitreront dudict rabbaiz ».

Il y a encore un autre moyen de fraude qui consiste à déclarer comme vendu en gros le vin vendu au détail.

Aussi nul de ceux qui font le trafic du vin ne pourra encaver ni décaver sans appeler les scindics ou ceux qui les remplacent, qui assisteront à la transaction et pourront ainsi l'enregistrer, la contrôler, et ce à peine d'un paiement quadruple. De plus, les scindics ou leurs remplaçants pourront à leur gré visiter les caves, et aucun marchand ne pourra leur en refuser l'accès.

Enfin, il y a des marchands qui, par pure malice, ne paient jamais la taxe sans faire de difficultés et sans plaider : cela occasionne des retards et des frais. Pour y remédier, il sera tenu un registre portant la quantité de vin encavé et décavé par tous les hôteliers et l'on s'en référa à ce registre sans qu'il y ait besoin de jugement.

Tels sont les articles proposés à la signature d'Emmanuel Philibert. Le Sénat de Chambéry les approuva par l'arrêt du 28 juin 1577 et leur donna force d'exécution. Henri IV à son tour les sanctionna et les reconnut, de sorte qu'ils formèrent comme le régime constitutif du trézain.

Ainsi le trésain est un droit prélevé sur le vin vendu et

consommé en détail. Sous Amé IV, il y eut une difficulté entre les commis chargés du prélèvement et les scyndics de Bourg.

Les commis prétendaient lever le droit à l'entrée de la ville : les élus avaient ordonné qu'il ne se lèverait qu'après que le vin serait consommé. Le Parlement confirma cette dernière ordonnance le 2 mars 1610. Dès lors, on continua à reconnaître l'encavage, c'est-à-dire la quantité de vin déposée dans les caves, que fréquemment les fermiers vont contrôler à domicile, et d'après laquelle quantité ils règlent leur droit, déduction faite de ce que nécessitent la consommation de la famille du marchand et l'ouillage.

## § III

## Le Commun.

Le commun nous est connu avec la même précision, grâce à un document d'archives daté de 1608, intitulé : « Tarif de ce qui est deub au commun de la ville de Chastillon-les-Dombes (1). » Nous y voyons qu'il s'agit d'un droit levé sur toute espèce de marchandises : c'est un octroy à la différence toutefois qu'il est perçu sur les marchandises qui sortent, sur toutes celles qui sont vendues dans la ville ; ce qui est frappé de droit, c'est le produit de toutes les ventes.

Pour une mansoye (2) de bois qu'on amène vendre

(1) Voir aux pièces justificatives *ce tarif.*

(2) La mansoye est dans le patois de la Dombes la demi charretée, soit 12 quintaux.

dans la ville, il est perçu un denier (1) et pour une charrée de foin (2), un fort (3) qui vaut deux deniers.

Une charrée de foin ou de paille paye quatre deniers (8 centimes).

Une mansoye, char ou charrette de blé doit à la sortie payer un fort par asnée (4).

Le chargement en blé d'une bête, qui est d'environ quatre coupes (5) paye en sortant un fort encore; un fort encore le « crochet des fillatiers achetant du filet (6) aux foyres et marchés ».

Un fort aussi pour la vente d'un dard ou faulx destiné à couper l'herbe des prés.

Même tarif pour un van à vanner le blé, pour un chapeau et pour une paire de souliers neufs, pour un chaudron, casse (7) ou cassette.

Le suif, la laine, les étouppes, le chanvre, sont taxés à la sortie d'un fort au quintal; autant pour deux ou trois aunes de drap (8).

Pour les porcs, moutons, chèvres, bœufs, vaches, achetés dans la ville et en sortant : un fort par bête. Pour un cheval ou une jument : 3 forts.

---

(1) Le denier viennois valait le double du denier tournois, soit le 1/6 du sou ou 2 centimes.

(2) Charrée de foin : 25 quintaux.

(3) Le fort valant 2 deniers vaut : 4 centimes.

(4) L'asnée de blé, valait 20 coupes, la coupe pesant 25 à 26 livres, l'asnée de blé pèse autour de 500 livres.

(5) Soit 100 livres.

(6) Par « filet », on entend la toile, qui se tissait en quantité considérable à Châtillon.

(7) La casse est un instrument de cuisine appelé ordinairement poêle à frire.

(8) L'aune est l'étendue de deux bras.

Sur le vin sortant de la ville, il est prélevé par asnée, un fort, et autant pour un vaisseau vide (on appelait vaisseau le tonneau) pour baigneurs, bernets et bennes (grands récipients en bois, de forme allongée, que l'on appelle encore dans le pays des baignoires ou bagnoires contenant 8 à 10 hectolitres).

Les vendeurs qui déplient leurs marchandises le long des rues ou sur les places, les jours de foires et de marchés, paient un droit d'emplacement de un fort, et tout marchand étranger vendant du drap dans la ville donne un quart par pièce de drap (*le quart d'un sol*).

Un fort est perçu pour un cuir de bœuf, pour une douzaine de peaux de veaux, de moutons, de chèvres ou de porcs.

Une perche de toile vendue (1), une charrette de tupins (2), une charrette d'œufs paient un quart.

Les habitants qui tiennent boutique ouverte donnent par an, pour droit d'étalage, 2 sols savoie valant 18 deniers, soit 0 fr. 40, et les hôtes et taverniers, pour droit de fenestrage, par an 6 sols savoie, soit 1 franc 20.

Ceux qui achètent des propriétés dans la ville ou dans ses franchises, paient à raison de 8 sols et 10 par 40 livres du prix d'acquisition.

Uue charge de poisson paye un quart ; une douzaine de pots, un barrail d'huile, soit 28 pots, une charrette de scels (sceaux) sont tarifés d'un fort.

Comme on le voit, tout est taxé, tout ce qui est susceptible de vente et de bénéfice est frappé d'imposition, même le poisson, qui, pêché en grande quantité dans les

(1) Environ 15 mètres.

(2) Tupins : pots en terre cuite et vernie.

étangs de Bresse et de Dombes où l'on en fait encore une véritable et fructueuse culture, avait toujours été favorisé par des privilèges de toutes sortes. Trézain et commun n'épargnaient aucun produit. C'est une chose intéressante pour nous de voir combien à cette époque le commerce, la fabrication et la vente des objets étaient variés et actifs, au point d'assurer à la ville un revenu considérable et fixe en la faisant jouir d'une partie de leur bénéfice.

## § IV

## Mode de perception des impôts communaux

Ce qui n'est pas moins intéressant à étudier, c'est la façon dont se prélevaient ces impôts. Nous retrouvons là le grand mode de perception de tout l'ancien régime : *la ferme.*

La ville, la communauté a en toute propriété le produit de ces taxes ; c'est son bien, son bien patrimonial ; mais ce n'est pas elle qui en tire directement le revenu ; elle n'a pas de fonctionnaire, qu'elle paye, qui soit commis à ce soin en son nom. Le prélèvement du trézain, comme du commun, est mis à l'enchère, il revient au plus offrant, qui en reste le fermier, et véritablement le propriétaire ; pourvu qu'il solde à la communauté la somme qu'a fixée l'enchère, il peut agir en son propre nom, lever la taxe comme pour lui-même et cela pour la durée de sa ferme.

Ce système nous est connu par diverses délibérations, divers rapports au sujet de l'adjudication du fermage, soit du trézain, soit du commun.

Deux rapports, extraits du cahier des délibérations du

Conseil de la ville de Châtillon datées l'une du 23 décembre 1698, l'autre du 27 décembre 1739 (1) nous indiquent quelles étaient les conditions imposées au preneur à bail du droit de trézain, et la façon dont ce droit s'adjugeait.

Le bail du trézain était délivré, pour un an, à commencer au premier janvier et jusqu'au dernier jour de décembre de la même année inclusivement.

La ferme se donne aux risques et périls du fermier, sans qu'il puisse espérer aucun rabais pour quelque raison que ce soit, et le droit devait être levé suivant la coutume établie, sans qu'il puisse être fait aucune diminution aux tarifs.

Au moment même de l'adjudication, le preneur à bail devra déposer entre les mains des syndics et des conseillers une bonne et suffisante caution, sans quoi son enchère sera annulée — ou, selon l'expression d'usage — « sa ferme sera proclamée à la folle enchère » et c'est à celui qui aura fait la mise précédente que l'adjudication reviendra ; si ce deuxième ne peut pas, de même, verser de caution, on remontera au précédent encore, et ainsi jusqu'à celui qui satisfera à la condition.

Le fermier paiera les frais de bail, en donnera, dans la huitaine, une expédition dûment contrôlée ; il paiera les frais de criée, le secrétaire et les dépenses qui se feront à l'Hôtel-de-Ville en cette circonstance, et cela sans aucune diminution du prix du bail.

Le fermier payera en entier le prix de sa ferme, et il ne pourra jamais en rompre le contrat. La ferme se

---

(1) Voir Pièces justificatives. L'adjudication du 23 décembre 1698 et du 27 décembre 1739.

CHATILLON-SUR-CHALARONNE

LES HALLES

paiera par quarts, c'est-à-dire tous les trois mois une partie. Dans l'intervalle, il se pourra que la ville ait besoin d'argent, et alors le fermier devra faire tout son possible pour avancer cet argent, jusqu'à concurrence de cent livres, dont on lui tiendra compte pour le règlement total.

Le geôlier, qui est préposé aux prisons de la ville, et qui vend du vin à ses prisonniers, n'aura pas à payer de trézain.

Lorsqu'approchait la fin de l'année, les conseillers de la communauté se réunissaient à la Maison de Ville, en présence des syndics, et décidaient qu'il y avait lieu de pourvoir à « l'amodiation du droit de trézain ». Le crieur public recevait l'ordre de publier « à travers les rues et carrefours de la ville » que, le 31 décembre, aurait lieu à la maison commune l'adjudication dudit droit, à l'enchère et « à la chandelle esteinte. » (1).

Le « cri » en devait être répété à plusieurs reprises, afin que chacun soit averti et que ceux qui avaient l'intention de miser à l'enchère en aient connaissance, et en même temps publication était faite des conditions imposées au preneur à bail, avec déclaration que la ferme serait donnée au plus offrant et dernier enchérisseur.

Au jour dit, les adjudicataires se rendaient à l'Hôtel-de-Ville, et, en présence du conseil, des syndics et des différents officiers assemblés, on procédait à l'enchère. Chacun misait, puis signait, pour témoigner de sa mise

(1) C'est un mode d'adjudication qui se pratique encore aujourd'hui. Une chandelle est allumée ; pendant qu'elle brûle, l'enchère se fait, et le dernier qui vient de miser lorsqu'elle s'éteint, est celui à qui est adjugée l'entreprise.

et de son adhésion aux conditions du bail. Voici, par exemble, à l'adjudication du 23 décembre 1698, qu'a comparu Pierre Guichenon, habitant à Châtillon qui, aux conditions ci-dessus, offre de la ferme du trézain la somme de 1.500 livres et signe au registre. Vincent Delorme, procureur de la ville, en offre 1.520 livres, Jacquet Senoz renchérit et offre 1.560 livres, et l'enchère continue, jusqu'au sieur Jean Cuidard, qui propose la somme de 1790 livres, et signe aussi. A ce moment, la chandelle s'éteignant et personne ne renchérissant sur la mise de Jean Guidard, l'adjudication de la ferme du trézain reste à ce dernier. Il verse immédiatement la caution exigée, et, les formalités remplies, il est fermier du droit de trézain pour un an. Ainsi, la chose s'était faite sans difficulté ni retard. En 1739, il n'en était pas de même. Philibert Comte avait misé pour 2,000 livres, Jean-Claude Fourrat pour 2,360, Barthélemy Morel offrit 2,370 livres, et J.-B. Fabre 2.400 livres. Personne n'augmentant la mise de Fabre, après plusieurs proclamations réitérées, ce dernier restait adjudicataire; mais Fabre ne put présenter aucune caution ; les syndics firent crier son « amodiation à la folle enchère », et, personne n'enchérissant sur la mise de Barthélemy Morel, boulanger au faubourg de la ville, qui avait proposé 2.370 livres, l'on décida que le bail serait délivré au dit Morel. Le Conseil le fit appeler par le valet de ville, et, Morel pareillement ne daigna pas présenter de caution ; son bail fut donc proclamé à la folle enchère. On se reporta à Jean Claude Fourrat, qui avait offert 2,360 livres ; ce dernier remplit les conditions prescrites, et c'est à lui que fut adjugé le fermage du trézain pour l'année 1740.

Ainsi procédait-on pour la ferme du trézain. Pour le *Commun*, les choses se passaient à peu près de la même façon, à la différence de quelques conditions particulières, dont l'étude nous est facilitée par un extrait des délibérations du Conseil de ville en date du 2 novembre 1706, portant les conditions imposées au preneur à bail du droit de commun (1).

Ce 2 novembre, les syndics Jean Cuidard et Ennemond Prost ayant déclaré que le moment était venu de procéder à l'adjudication du commun suivant l'usage ancien, firent publier par tous les coins et carrefours de la ville, par le valet de ville Claude Vilanier, l'ouverture des enchères. Il est de coutume dans le pays de commencer les fermes à chaque fête de la Saint-Martin d'hiver (2) et de terminer à semblable jour; il est dit aussi que la ferme du commun se donne pour une période de *six années*, à commencer à la Saint-Martin prochaine pour finir à pareil jour ; elle se donne aux risques et périls du fermier sans espoir d'aucun rabais ; le droit de commun sera levé suivant l'usage ; une caution est exigée du fermier, à peine de folle enchère. Les frais d'acte, de criée, sont à sa charge, et un extrait des pièces devra être donné dans les trois jours. Le montant de la ferme sera versé entre les mains du sieur Cuidard, receveur de la ville, à termes égaux, payés tous les six mois, l'un à Pâques, l'autre à la Toussaint, sous peine pour lui d'être contraint par voie de justice et même par corps de solder le prix du bail.

Aux enchères, Antoine Lemy offre 30 livres, Félix

(1) Voir aux pièces justificatives *les conditions imposées au preneur à bail du droit de Commun.*

(2) Le 11 novembre.

Berthot 35 ; Jean Cuidard, pour faire monter la mise, dans l'intérêt de la communauté, propose 50 livres, sur quoi Jacques Senoz en offre 60, Louis Mazuyer 63, et à nouveau Jacques Senoz 63 livres dix sols. A ce moment, la chandelle s'éteint et Jacques Senoz, ayant satisfait aux conditions du bail, en est déclaré fermier pour la durée de six années.

Comme on l'a vu, ces taxes fournissaient à la ville un revenu considérable ; si le commun ne dépassa guère 70 livres, le trézain s'élevait, en 1698 à 1790 livres, en 1706 à 1350 livres et en 1739 à 2,360 livres. Il faut, pour expliquer ce chiffre considérable, ajouter que au XVII$^{e}$ siècle, Châtillon, qui avait fait des dépenses énormes pour l'établissement de fontaines publiques et pour la construction de monuments, étant chargé de dettes, avait obtenu de prélever un double trézain pour l'acquittement des intérêts annuels. Sans quoi ce revenu de plus de 2.000 livres indiquerait une consommation extraordinaire de vin pour 800 habitants.

Ces taxes avaient un but d'utilité locale ; elles étaient levées pour le bien de la communauté : perçues dans la ville, elles ne devaient servir qu'à la ville et n'en pas sortir. Le produit, versé entre les mains d'un syndic reconnu comme receveur de la communauté, devait être affecté à l'entretien des murailles, des ponts, des monuments publics, des rues, et contribuer à tout ce qui pouvait assurer la sûreté et l'embellissement de la ville. Ce qui montre bien le sens de cette disposition ce sont les conditions qui étaient ajoutées à celles du bail.

Quelquefois, et presque toujours, à ce qu'assure Philibert Collet dans ses *Statuts de Bresse*, au prix des baux on ajoutait que les fermiers fourniront une quantité d'armes déterminée, ou qu'ils feront faire un certain nombre de toises de murailles, ou quelque autre chose de cette nature, et cela surtout aux XVIe siècle ; après la conquête française, le danger des guerres étant moins imminent et la défense de la ville moins importante, on convertit ces exigences en conditions d'une autre nature. Ainsi, à l'adjudication du trézain de 1739, on stipula que le fermier, au lieu de fournir les plombs, poudres, et armes accoutumés, entretiendrait la lampe, brûlant devant le Saint-Sacrement de l'autel de l'église paroissiale, pendant la durée de son bail, avec de bonne huile de noix pure ; il livrerait dans les quinze jours au doyen de la ville, 52 livres de cierge en cire fine, et bien fabriqués, savoir : un cierge pascal du poids de 5 livres, 16 cierges d'une livre pièce, 20 autres d'un quarteron pièce, 16 d'une demi livre, 6 livres de cierges de 10 à la livre et 2 livres de ceux de 8 à la livre. Jean Claude Fourrat à qui revint la ferme à cette adjudication, eut en plus à verser sur le champ au receveur de la communauté 30 livres destinées à l'achat de deux caisses de tambour à l'usage de la maison de ville.

Ce rapide aperçu sur les impôts du trézain et du commun nous a permis de prendre connaissance d'un régime financier tout particulier. Nous avons trouvé là le grand système de perception des impôts sous l'ancien régime : le fermage. Pratiqué en grand par l'administration royale, c'était encore le procédé des municipalités. Il évitait à la ville de payer un traitement à un collecteur d'impôts, ou plutôt par le fait, c'étaient les imposés qui payaient le percepteur.

C'est bien une faveur, un privilège pour notre ville de

pouvoir se créer ainsi des ressources dont elle pouvait disposer, des moyens qui lui assuraient un certain degré d'indépendance, et laissaient place à son initiative. Ces charges sont considérablement lourdes pour les habitants, puisque 2.500 livres sont levées sur une population de 800 citoyens, mais elles profitent à ceux qui les supportent, et sont bien différentes de la charge des autres impôts, taille et dîme, dont le produit s'en allait au loin sans retour.

Cette gérance de la ville par elle même de ses deniers, n'est-ce pas déjà une concession de l'autorité supérieure à l'autorité locale, et comme un point de décentralisation administrative ?

La commune possède, est propriétaire, à des revenus, comme l'individu ; n'est-ce pas l'indication d'un état de choses différent, et un acheminement vers la constitution de nos communes modernes ?

## CONCLUSION

Et maintenant, que nous est-il permis de conclure d'une étude assurément bien incomplète et bien superficielle ?

Sans doute, la place qu'a occupée notre ville n'est pas très grande, et elle n'a pas eu le rôle d'une capitale ; mais n'en est-il pas dans l'histoire comme dans la Société ? La société, c'est la masse des grands et des petits ; mais combien plus de petites gens il y a que de puissants ! et n'est-il pas aussi intéressant d'étudier la Société dans sa section la plus réduite, dans l'individu, dans le citoyen de la classe inférieure, dans l'ouvrier, que de l'étudier dans le grand personnage, dans le chef d'administration ou d'exploitation ? La petite ville dans le royaume, c'est l'individu, c'est la « petite gens » dans la société. Sans doute, les événements y ont moins d'étendue ; mais il y a malgré tout, en la petite ville, comme en l'individu, une vie locale, particulière, faite de coutûmes, qui a l'intérêt de l'épisode, des choses à notre portée, et dont nous, nous vivons plus directement.

Et puis, l'histoire locale, n'est-ce pas une contribution à l'histoire générale ?

Un rapide aperçu sur les diverses époques nous a montré le Moyen-Age avec son morcellement territorial, son organisation, sa coutume de la recommandation qui a fait passer Châtillon des Enchaînés aux sires de Beaujeu. Châtillon, possession de la maison de Savoie, nous a permis de voir cette cour intrigante, qui, par ses habiletés, savait se maintenir au milieu des grands royaumes en querelles et savait profiter de leurs divisions. Cour lettrée, artistique, qui s'attachait ses sujets par sa modération, par sa bienfaisance, embellissait ses possessions d'édifices et de constructions et à qui, par exemple, la capitale de notre Bresse, est redevable de son plus beau monument, l'église de Brou.

Puis, Châtillon est entré dans le royaume de France, il s'est trouvé mêlé à sa fortune, soumis à ses institutions.

Voici que les gens de guerre en sont le fléau : ce qui nous montre la mauvaise organisation militaire de la France ; la ville, avec ses 800 citoyens, paie une taille de plus de 1.300 livres et beaucoup d'autres impôts ; l'agriculture est délaissée ; les simples prêtres ont juste 300 livres de revenus ; couvents et communautés abondent : ursulines, capucins, pénitents, chapitre. Il y a là un maire, un greffier, un procureur, dont les offices sont achetés, et qui tiennent du roi leur charge et autorité, or toutes ces choses, mauvaise organisation militaire, fiscalité pesante, régime du fermage pour la levée des impôts du trézain et du commun, dépérissement de l'agriculture, misère du bas clergé, importance de l'élément religieux, vénalité des charges, centralisation du pouvoir, sont autant de caractères de l'ancien régime.

Ainsi, l'histoire locale n'est pas une œuvre vaine, elle est une étude suffisamment significative et documentaire, et travailler à l'histoire de la petite patrie, c'est pourvoir à celle de la grande.

# APPENDICE

## SAINT-VINCENT-DE-PAUL

et

## Châtillon-les-Dombes

### § I.

### Saint Vincent de Paul curé de Châtillon.

Notre ville n'a pas manqué de personnalités religieuses, politiques ou scientifiques.

Au temps des premiers sires, Bérard de Châtillon, fils de Milo, sire de la ville, nommé évêque de Mâcon s'était croisé en 1096 et avait suivi Godefroy de Bouillon en Terre Sainte.

La même famille devait nous donner encore Estienne de Châtillon qui, laissant à son frère Guy les honneurs de la terre, se retira dans la solitude, devint prieur de la chartreuse de Portes, puis évêque de Die en Dauphiné ; l'Eglise, reconnaissant ses vertus, le mit au rang des saints.

Deschamps, le savant médecin du XVIe siècle, Samuel

Guichenon, le laborieux historiographe de notre Bresse ; Philibert Collet son neveu, à la fois avocat, écrivain, poète latin et jurisconsulte, juge et maire de Châtillon ; Philibert Commerson, médecin botaniste, qui fit avec Bougainville le tour du monde, décrivit Otaïti, seconda Poivre dans son administration de l'Ile de France, et mourut au moment où lui arrivait sa nomination à l'Académie des Sciences, voilà certes une belle liste de célébrités pour une ville de quelques centaines d'habitants.

Mais celui qui devait donner, par son séjour, le plus d'éclat à notre ville, fut Vincent de Paul.

Les quelques mois qu'il passa à la cure de Châtillon nous sont intimément connus, grâce au livre d'un contemporain : « la vie du vénérable serviteur de Dieu Vincent de Paul, instituteur et premier Supérieur général de la Congrégation de la mission... par Messire Louis Abelly, évêque de Rodez. » C'est un auteur des plus dignes de foi. « J'ai eu, écrit-il, le bien de fréquenter Monsieur Vincent durant plusieurs années, d'écouter ses discours publics et particuliers, d'estre présent à une partie des choses que j'ai mises par écrit...» »

C'était en 1617. Vincent de Paul se trouvait alors à la maison de Gondy. Il se sentait intérieurement poussé par Dieu d'aller en quelque province éloignée, se consacrer à l'instruction et au service des malheureux de la campagne.

La cure de Châtillon se trouvait à ce moment vacante et les comtes de Saint-Jean de Lyon qui, nous l'avons vu, y nommaient, cherchaient pour cette cure un pasteur capable de la diriger. La cure de Châtillon, qui ne jouissait que de revenus minimes et avait beaucoup de charges, demandait un homme dont le désintéressement lui fit mépriser les intérêts matériels et qui ne craignît pas sa peine. Les comtes s'adressèrent au R. P. Bence, supérieur de l'Oratoire de Lyon, pour leur procurer l'homme qu'il leur fallait. Le père Bence transmit la demande à M. de Bérulle, le priant de trouver à Paris quelque ecclésiastique qui fût disposé à accepter la mission d'évangéliser Châtillon. La lettre du P. Bence arriva précisément à l'heure où Vincent de Paul préparant sa retraite de la maison de Gondy, demandait conseil à M. de Bérulle. Ce dernier jugea que Vincent serait bien le prêtre convenant à la ville de Châtillon ; il la lui proposa. Vincent l'accepta avec joie, et peu de temps après, vers le commencement du printemps de 1617, prétextant un voyage, il quitta la famille de Gondy, se rendit à Lyon, où le P. Bence le présenta aux comtes de Saint-Jean. Bien accueilli, il fut immédiatement nommé et put aller prendre possession de son poste.

Le 1er août 1617, Vincent de Paul était installé en l'église de Saint-Martin de Buénens, et, le même jour, en celle de Saint-André de Châtillon.

Il nous a été donné précédemment de voir en quel lamentable état se trouvait alors l'église de Châtillon : vie désordonnée des prêtres sociétaires, intrigues et querelles incessantes, pauvreté de la Société, multiplication des partisans de la religion réformée. Avec confiance cependant et courage, Vincent de Paul entreprit son œuvre d'apaisement et de sanctification. Aussitôt installé, il chercha à s'attirer l'affection de ses prêtres, les traitant avec respect en même temps qu'avec douceur et cordialité.

Il leur fit visite en leur propre maison, s'annonçant chez

eux par des présents de livres convenant à leur état. Dès qu'il eut gagné leur confiance, il leur fit quelques discours sur l'excellence et la sainteté de l'éclat ecclésiastique, les invita à l'exercice des cérémonies religieuses, ainsi qu'à la visite des malades. Ses exemples du reste étaient pour eux le meilleur enseignement.

« On ne le vit jamais sans soutane, et sans les autres marques de sa profession. Il célébrait tous les jours la messe. Il restait très libéral envers les pauvres. La dureté de cœur luy semblait monstrueuse dans les prestres. Il fit distribuer par les mains de ses chapelains ses aumônes, afin de les exercer à la charité. Aussi sa bourse fut bientôt vuide ; mais quand il eut donné son argent, il donna ses habits, son linge ; il alla mesme, n'ayant plus rien à donner, jusqu'à faire des emprunts, qu'il paya quand il fut revenu à Paris (1). »

Aux leçons de Vincent de Paul, les prêtres changèrent vite. Ils renoncèrent aux divertissements de la chasse et du jeu, auxquels ils s'étaient livrés ; ils cessèrent de fréquenter les cabarets et régularisèrent leurs mœurs. L'enseignement religieux fut donné avec tout le respect qui lui convient. Lorsqu'il s'agit de supprimer l'abus par lequel les pénitents versaient de l'argent avant de se confesser, il y eut cependant un prêtre qui fit opposition : le procédé lui rapportait beaucoup d'argent, et il était très avare.

Pour le dédommager, Vincent lui offrit un présent; surpris et démonté par cette offre, qui était une leçon, le prêtre se corrigea et rendit à Vincent l'argent qu'il lui avait fait remettre.

---

(1) Abelly.

Une chose délicate, c'était de rétablir entre les prêtres la paix et l'entente depuis si longtemps compromises. Sur la proposition de Vincent, une « Communauté de bans ecclésiastiques » fut établie pour remédier aux usurpations de quelques-uns, par l'exacte et proportionnelle répartition des services et des revenus entre les sociétaires. »

A certains jours de grandes fêtes, les écclésiastiques se livraient à des excès scandaleux. Vincent changea ces pratiques en exercices de piété. Il obtint de l'archevêque de Lyon la permission d'exposer ces jours-là le Saint-Sacrement, de sorte que furent consacrées à honorer Dieu ces journées précédemment réservées à des réjouissances profanes.

Avant l'arrivée de Vincent, les prêtres négligeaient fort leur tenue et leurs habits. Peu à peu, ils s'habituèrent à les soigner, à porter sans cesse la soutane et les cheveux courts.

Ils devinrent exacts et empressés à remplir les devoirs de leur ministère.

Vincent de Paul trouva du reste un précieux auxiliaire en Louis Girard, qui, d'abord curé de la paroisse de Jayat, avait été, à cause de ses vertus, remarqué par Vincent de Paul dont il devînt le vicaire en entrant à la cure de Châtillon.

Lorsqu'il eut ramené dans la bonne route ses prêtres, Vincent put se consacrer à une œuvre plus large.

Les Réformés se trouvaient nombreux à Châtillon, et la plupart des grandes familles de la ville s'étaient ralliées à la religion nouvelle. Avec une foi ardente, Vincent entreprit l'évangélisation des égarés, et ne tarda pas à voir ses efforts récompensés par de brillantes conversions. Une des plus éclatantes fut celle de M. Beyvier. Ce jeune homme, né d'une famille hérétique, avait hérité d'elle de ses croyances en même temps que d'une grande fortune. Menant une vie fort déréglée, il s'y était même fait une telle réputation que ses amis de débauche l'avaient reconnu comme leur chef. Déjà il avait objuré son hérésie, mais sans rien changer à sa vie. Une heureuse circonstance permit que, durant des réparations faites à la cure, Vincent fût logé dans la maison même de Beyvier. Cela permit au saint homme d'entreprendre aussitôt la *guérison de ce malade*. Le jeune homme ne put rester insensible aux discours aussi bien qu'aux exemples du prêtre, et, guidé par lui, il ne tarda pas à faire de merveilleux progrès dans le chemin de la perfection. En présence d'un tel changement, l'étonnement de ses anciens compagnons fut grand. On vit avec surprise ce jeune homme, de violent qu'il était, devenir modeste, de débauché dévôt, et de scandaleux exemplaire. Il visitait les pauvres et faisait le bien autour de lui, si bien qu'il mourut presque dans le dénuement.

Grâce à cette première conversion, Vincent de Paul put attirer à Jésus-Christ la famille de son disciple et en particulier son beau-frère, M. Jacques Garron. Ce dernier avait trois fils et une fille, tous élevés dans la croyance calviniste. M. Beyvier les recevant fréquemment chez lui, c'est là que Vincent de Paul put les rencontrer et entreprendre leur conversion. Cette prédication réussit si bien que l'aîné des fils, à l'âge de 25 ans, se fit capucin, et mourut au couvent à Bourg-en-Bresse.

La fille entra au monastère des Ursulines de Lyon, et y mourut quelques années plus tard avec le titre de maîtresse des novices.

Les deux autres frères abjurèrent leurs erreurs en présence du peuple assemblé ; l'un devait mourir six mois après sa conversion, au moment d'entrer à l'Oratoire ; le dernier resta auprès de sa famille, et montra par sa charité et par sa bonne conduite que lui aussi avait profité de l'enseignement de Vincent. Abelly, l'éloquent historien du Saint a connu ce personnage, et dit avoir tenu de lui même le récit de ces conversions.

Une autre conversion retentissante, ce fut celle de Balthazar de Rogemont, seigneur de Chandé, retiré en Savoie, et que les prédications de Vincent de Paul attirèrent à Châtillon ; par sacrifice, il donna tous ses biens aux pauvres.

Citons encore les conversions de deux nobles dames de la ville. Françoise Baschet de Mayzériat, femme de M. Gonar, seigneur de la Chassaigne, et Charlotte de Brie, femme de M. de Cajot, seigneur de Brunand, avaient été élevées dans le grand luxe, et leurs mœurs étaient toutes mondaines. Splendidement habillées, elles faisaient la principale occupation des danses, des jeux et des festins. A la première prédication de Vincent de Paul à Châtillon, ces deux dames conçurent une haute idée de son mérite, et comme à ce moment-là, le prêtre résidait chez M. Beyvier, elles allèrent lui rendre visite. Dès cette première entrevue, elles furent touchées par ses discours et par ses avertissements, si bien que peu après, elles en vinrent à renoncer à leur existence mondaine, à se livrer aux exercices de piété et au soulagement des malheureux. Elles devaient même être les premiers membres de la Confrérie de la Charité.

Voilà qui nous amène à parler d'une des œuvres les plus belles, les plus merveilleusement bienfaisantes du grand saint : la Société des Dames de Charité; une de ces œuvres qui ont contribué à faire surnommer Vincent de Paul, sur le mot d'un historien, le Ministre de la Charité nationale.

L'origine en est naïve comme une simple légende, mais combien touchante. Laissons Abelly nous la raconter tout au long :

« Monsieur Vincent estant un jour prest à monter en chaire, M^lle de la Chassaigne le pria de recommander aux charités de la paroisse une famille, fort affligée de pauvreté et de maladie aux environs de Chastillon. Il prit de là en son sermon de parler de l'assistance qu'on devait rendre aux pauvres, et particulièrement aux malades tels qu'estoient ceux qu'il recommandoit. Ses paroles émurent la compassion d'un grand nombre de personnes, et on les vit, au sortir de la prédication, s'en aller en la maison de ces pauvres malades ; les uns portèrent du pain, les autres du vin, d'autres de la viande et de semblables provisions. Après vespres, M. Vincent s'y achemina aussi avec quelques-uns des habitants, sans savoir qu'il eust été devancé par d'autres personnes, et il fut fort étonné quand il les rencontra tant par troupes dans le chemin, qui retournoient de leur visite. Estant entré dans la chaumière de cette pauvre famille, et voyant leur table chargée de quantité de vivres qu'on leur avoit apportés, il dit aux demoiselles de la Chassaigne et de Brie et à quelques autres : « voilà une grande charité qu'on vient d'exercer, mais elle n'est pas bien réglée ; ces pauvres malades ont trop de provisions tout à la fois ; une partie sera gâtée et perdue ; et puis ils retomberont en leur première nécessité. » Ces vertueuses demoiselles, émues de l'objet qu'elles avaient devant les yeux, et des paroles qu'elles venaient d'entendre de M. Vincent, luy demandèrent comment on pourroit faire pour secourir non seulement les pauvres malades qui estoient présens, moins aussi ceulx qu'on trouveroit à l'avenir. L'humble serviteur de Dieu, qui ne se déterminoit jamais sur le champ dans les affaires d'importance se contenta de leur dire qu'il y penseroit devant Dieu, et que le dimanche suivant il leur rendroit réponse. »

Au jour dit, en effet, Vincent les réunit — et, s'inspirant de leurs avis comme de ses propres projets, il leur proposa quelques points dont l'exécution lui paraissait nécessaire à la réussite de cette pieuse entreprise; elles les accueillirent avec une parfaite soumission, et le prièrent de dresser de sa propre main un ordre complet et détaillé de tout ce qu'elles auraient à faire pour le soulagement des miséreux. Vincent de Paul établit alors un règlement dont la pratique lui donna de précieux résultats. Aussi, confiant en son œuvre, il en communiqua le projet à ses supérieurs, et présenta son règlement à M. de Marguemont, archevêque de Lyon, qui l'approuva le 24 novembre 1617, en adjoignant cette clause que « le sieur Vincent de Paul y pourroit ajouter et diminuer tout ce que bon luy sembleroit. »

Pourvu alors de toute autorité, le bienfaiteur des pauvres décida de mettre en mouvement sa Société le jour de la conception de Notre-Dame; une quinzaine de personnes furent d'abord inscrites au catalogue des servantes des pauvres dans la chapelle de l'hôpital; groupe auquel s'ajoutèrent quatre jours plus tard quelques autres dames.

Une copie du « *Règlement de la Charité* », conservée à la cure de Châtillon, porte en tête les noms des personnes qui firent partie de la Société dès son érection. Ce sont, dames Françoise Baschet, Charlotte de Brie, Florence Gomard, femme de M. le chatelain, — Gasparde Puget, — Denise Berrier, femme de sire Claude Bouchour, — Philiberte Murger, femme de Philibert des Hugonnières, — Catherine Patissier, veuve de feu Philibert Guillon, — Eléonore Bourdillart, — Johane Perex, fille de Guy Perex, — Florence Gomard, fille de feu Denise Gomard, — Benoîte Prost, fille d'Ennemond Prost, — Thoine Guay, veuve de feu Pontus Guichenon...

A chaque réception des membres, Vincent leur faisait un discours touchant sur la beauté de leur mission, et les invitait à l'observance exacte du règlement. Il ne cessait de leur répéter, avec une ferveur extraordinaire, que « si elles s'acquittoient fidellement de leur devoir, les pauvres leur manqueroient plus tost que les fonds nécessaires pour les assister... »

L'expérience ne fit que ratifier de si belles promesses. La confrèrie, bien que jouissant de peu de revenus assurés, put cependant faire face à de grosses dépenses et secourir de nombreux nécessiteux. Sa bienfaisance devait se montrer en particulier quelques mois après le départ de Vincent de Paul pour Paris. Châtillon fut alors frappé par une famine affreuse; les pauvres, réduits au plus extrême dénuement, coururent le risque de mourir de faim. L'œuvre de Vincent était là pour leur prodiguer ses soulagements. Les servantes des pauvres, assistées de M. Beyvier, louèrent un grenier commun où elles déposèrent une partie de leur propre récolte de blé en y ajoutant le produit d'une quête générale, faite par elles chez les personnes les plus favorisées de la ville et des environs ; après quoi, elles en firent la distribution entre les pauvres.

La peste, compagne fatale de la famine, suivit et ravagea Châtillon. Les pestiférés étaient menacés d'abandon, tellement la crainte de contracter le mal éloignait d'eux les plus courageux. Ce furent encore les femmes qui montrèrent l'exemple. Pour se donner plus de liberté, au milieu du trouble que causait une telle désolation, on vit les dames de Charité se loger en des cabanes aux alentours de la ville et de là organiser les secours. L'on ne pouvait considérer sans admiration ces dames charitables qui, accoutumées au luxe et aux commodités de leurs maisons, ne craignaient pas d'habiter de véritables chaumières.

Le zèle du saint curé devait encore s'appliquer à l'embellissement de son église, et toute l'ardeur qu'il mit à l'embellissement spirituel de sa paroisse, des âmes à lui confiées, ne lui fit pas négliger le temple matériel. Par des exhortations pressantes, il invita le peuple à se comporter dans l'église avec dévotion et modestie ; ses remontrances, par leur ferveur, firent une telle impression sur ses auditeurs, que l'on décida de tenir une assemblée des ecclésiastiques et des syndics, et cette assemblée abolit divers abus contraires au respect dû à la sainteté du lieu. Il convia ensuite les habitants à garnir leur église d'ornements convenables : il acheta lui-même de ses propres deniers un dais.

La charité de M. Beyvier du reste était là, inépuisable pour l'ornementation du temple comme pour le soulagement des pauvres. De sorte que, quelques années plus tard, Abelly pourra écrire : « L'église paroissiale de Châtillon est maintenant une des plus belles et des plus propres de toute la province. »

Mais Châtillon ne devait pas garder longtemps dans

ses murs l'homme à qui il devait tant de bienfaits. Tandis que Vincent de Paul se consacrait à notre ville, Mme de Gondy ne cessait de le réclamer. Elle employa de nombreuses personnalités à lui écrire, pour le persuader de rentrer à Paris, M. de Bérulle en particulier. Vincent de Paul résista longtemps à ces appels. M. de Gondy alors lui envoya un exprès, M. Dufresne, son secrétaire, pour lui renouveler ces pressantes prières. C'était au commencement d'octobre 1617; Vincent de Paul se rendit à Lyon, en compagnie de M. Dufresnes, pour demander conseil au P. Bence.

Le père Bence lui conseilla de retourner à Paris. Vincent écrivit à M. de Gondy, qui se trouvait à ce moment à Marseille, lui annonçant qu'il se proposait dans deux mois de faire un voyage à Paris, et qu'il verrait alors ce que Dieu ordonnerait. Par M. Dufresne, il fit remettre le même message à la princesse, mais sans prendre aucun engagement. Peu de temps après, étant rentré à Châtillon, il reçut de M. de Gondy la lettre suivante :

« J'ai receu depuis deux jours celle que vous m'aviez écrite de Lyon, où je vois la résolution que vous avez prise de faire un petit voyage à Paris sur la fin de novembre, dont je me réjouis extrêmement, espérant que je vous y verrai en ce temps là, et que vous accorderez à nos prières et au conseil de tous vos bons amis le bien que je désire de vous; je ne vous en dirai pas davantage, puisque vous avez vu la lettre que j'ay écrite à ma femme; je vous prie seulement de considérer qu'il semble que Dieu veut que, par votre moyen, le père et les enfants soient gens de bien... etc.... »

Vincent se trouvait donc sur le point de quitter Châtillon sans être sûr d'y revenir. Le jour de son départ, il réunit ses paroissiens, s'efforça de les consoler par de rassurantes paroles, les invitant à persévérer, pendant son absence, dans le bon chemin. Il les assura qu'il ne les quitterait qu'autant que la volonté de Dieu l'y contraindrait, et que « *s'il ne les avoit pas présens aux yeux du corps, pour la distance des lieux, il les auroit toujours présens à ceulx de l'esprit.* ». Ensuite, il leur donna sa bénédiction, et les quitta avec l'espoir de les revoir bientôt.

Il se mit en chemin, escorté hors de la ville par les « grands comme par les petits, qui tous fondoient en larmes pour son départ, et qui ne cessèrent de le suivre qu'après qu'il leur eust encore une fois donné sa bénédiction. »

Arrivé à Paris le 22 novembre, Vincent se rendit immédiatement chez M. de Bérulle, pour lui demander s'il devait quitter la paroisse que la Providence lui avait confiée.

Le conseil de M. de Bérulle fut qu'il rentrât à la maison de Gondy. L'avis était décisif pour Vincent qui y accéda. Peu de temps après, il déposa une démission pure et simple de sa cure entre les mains des Comtes de de Saint Jean, qui, sur sa recommandation, en pourvurent M. Louis Girard, son vicaire, son digne successeur. Ainsi, Vincent de Paul était bien perdu pour Châtillon.

§ II

## Fêtes en l'honneur de la Béatification de Saint Vincent de Paul.

Si court qu'eût été le séjour de Vincent de Paul à Châtillon, tant de vertus, en ces temps troublés, avaient fleuri en si peu de mois, tant de charité, de dévouement, avait bouleversé les cœurs, que les traces en devaient, demeurer ineffaçables. Et puis, le monument en restait dans la modeste cité, sous la forme de l'Institution des Dames de Charité, qui, en peu de temps, devait devenir pour tout le royaume le modèle de la Charité séculière.

Durant longtemps, après 1617, les esprits et les souvenirs se tournèrent vers le saint homme dont on espérait toujours le retour et qui ne devait plus revenir. Quel que soit le fond ingrat de la nature humaine, il est des hommes qui forcent les foules à se souvenir, et les années pouvaient s'écouler, sans crainte de faire oublier l'âme d'un Vincent de Paul. Quoi de plus significatif que cette lettre que M. Garron écrivit au sujet de son fils unique à son ancien prédicateur, en l'année 1656 ?

« Voicy un de vos enfants en Jésus-Christ qui a recours à vostre bonté paternelle dont il a ressenti autrefois les effets lorsque, l'enfantant à l'Eglise par l'absolution de l'hérésie que vostre charité luy donna publiquement en l'église de Chastillon-les-Dombes, l'année 1617, vous luy enseignâtes les premiers principes et les plus belles maximes de la religion catholique, en laquelle, par la miséricorde de Dieu, j'ai persévéré, et espère de continuer le reste de ma vie. Je suis ce petit Jean Garron, neveu du sieur Beyvier de Chastillon, qui demeuroit en sa maison avec vous, pendant que vous fistes séjour à Chastillon. Je vous supplie de me donner le secours qui m'est nécessaire pour m'empescher de rien faire contre les desseins de Dieu. J'ay un fils unique qui, après avoir achevé ses classes, a formé le dessein de se faire Jésuite. C'est le fils le plus avantagé des biens de fortune qui soit en toute cette province... Que dois-je faire ?... Mon doute procède de deux choses, etc...

« Vous agréerez que je vous dise que l'Association de la Charité des servantes des pauvres est toujours en vigueur dans Chastillon... »

Peu d'années après, le 27 septembre 1660, Vincent de Paul mourait. Béatifié en 1729, il était canonisé en 1737 par le pape Clément XII ; et, tandis que, dans la suite, philosophes et croyants le célébraient, — que catholiques ou sectaires, grands ou petits, rois ou peuples, prononçaient son nom avec amour, que Louis XVI lui faisait ériger une statue, qu'une des belles églises de Paris était construite sous son invocation, tandis qu'en un mot son nom et son image recevaient toutes les consécrations, Châtillon, la petite ville, berceau de ses œuvres miséricordieuses, ne laissait passer aucune occasion de contribuer à ses triomphes.

En l'an 1730, notre ville voulut fêter dignement sa béatification.

Le 30 avril de cette année, il y eut à ce sujet délibération du Conseil de Ville.

« Les dicts sieurs syndics remonstrent à l'Assemblée que M. Vincent de Paul, ancien curé dudict Châtillon, a esté béattiffié par bref de nostre Saint Père le Pape Benoist treizième, — ce qui faict un honneur sans pareil audict Chastillon. Et comme il a esté ordonné par N. S. Père le Pape, que toutes les cérémonies en tel cas requises seroient faites, il convient à la communauté dudict Chastillon de témoigner une joye parfaitte et une grande réjouissance du bonheur que la ville a eu d'avoir pour curé un homme béattifié ; — et que pour cet effect il faudrait faire une dépanse..... Sur quoy il a esté unanimement deslibéré que MM. les Syndics feront bâtir un feu de joye, fourniront la poudre pour la réjouissance, et feront toutes les dépanses à la manière accoutumée ; — laquelle dépanse ne pourra excéder la somme de 150 livres.... »

Des fêtes, des réjouissances publiques eurent lieu ; dans l'église, un portrait du bienheureux fut érigé, avec un cadre doré ; des personnalités religieuses vinrent de Lyon assister aux cérémonies ; des cierges furent brûlés, des fusées lancées, les cloches sonnèrent joyeusement.

Les frais de ces détails se répartirent ainsi : « Sçavoir, 72 livres pour le tableau quadre doré, 36 livres pour la voiture de Lyon icy, 39 livres 18 sols pour les cierges, 24 livres pour les fusées, et 40 sols donnés au marguilier pour sonner... »

Des 150 livres votées, il ne restait donc que 4 livres 10 sols pour faire le feu de joie, fournir la poudre au public, et rétribuer les ouvriers qui avaient employé trois journées à parer et orner l'église. — Aussi, dans sa séance du 17 juin suivant, le conseil vota un crédit supplémentaire de 30 livres.

Ajoutons que la communauté, se trouvant à ce moment sans argent, avait dû emprunter au syndic Chéret les 180 livres nécessaires pour « faire la cérémonie de la béatification du bienheureux V. de Paul avec la descence convenable... »

## § III

## Inauguration d'une Statue de Saint-Vincent de Paul.

Cependant, il faut aller jusqu'au XIXe siècle pour relever la marque la plus vive de reconnaissance et d'affection que Châtillon donna à son pasteur vénéré.

En mars 1856, la nouvelle se répandit qu'un statuaire

CHATILLON-SUR-CHALARONNE

STATUE DE ST-VINCENT-DE-PAUL

paroissien, originaire de l'Ain, M. Emilien Cabuechet, ayant résolu de consacrer son ciseau à l'art religieux, avait composé une statue en bronze de Saint-Vincent de Paul, pour la ville de Châtillon-les-Dombes.

L'artiste avait été bien inspiré en concevant l'idée de perpétuer dans notre diocèse, et particulièrement à Châtillon, le souvenir du Saint prêtre qui, sortant du fastueux hôtel de Gondi, vint à cette paroisse « parce qu'elle étoit une des plus pauvres, des plus abandonnées et des plus souffrantes du royaume. »

L'œuvre, présentée à l'Exposition universelle de 1855, avait remporté auprès du jury et de la presse parisienne un vif succès, et, en plus de précieux suffrages, avait valu à son auteur une médaille d'or.

En outre, le Préfet de la Seine avait commandé à l'artiste une statue en marbre exécutée sur le même modèle, et destinée à la chapelle Saint-Vincent de l'église Saint-Sulpice, à Paris. Aussi notre ville ne voulut pas se laisser devancer par la capitale, et s'efforça de revendiquer l'honneur d'élever la première une statue au grand saint.

Et, en effet, avant septembre de la même année, la statue fut érigée sur une des places de la ville, devant l'hospice, dans l'axe de la rue principale, sans être sur la voie publique.

Le saint est représenté assis ; et comme, en pensant à lui, on ne peut s'empêcher d'associer son souvenir à celui des enfants trouvés dont il fonda l'asile, il tient dans ses bras un enfant nouveau-né qu'il vient de recueillir dans la rue ; auprès de lui, se trouve un orphelin dont il couvre la nudité d'un pan de son manteau, et qui élève vers son protecteur un regard suppliant auquel le prêtre répond par une expression de douce et paternelle tendresse. Le piédestal est simple et porte en inscription les paroles d'adieu prononcées par le saint lors de son départ de Châtillon. Un arc, tracé autour de la tête, porte ce texte tiré du prophète Osée : « *Ego quasi nutritius portabam eos in bracchiis meis.* — « Et moi, comme un père nourricier, je les portais dans mes bras. »

Ce fut un grand jour pour Châtillon que celui de l'inauguration de ce monument, le lundi 29 septembre 1856.

Dès le samedi précédent, l'évêque de Belley était arrivé accompagné de plusieurs chanoines de son chapitre. Le père Etienne, supérieur des Lazaristes à Paris, M. Baudon, président général des conférences de Saint-Vincent de Paul, — le baron de Cornudet conseiller d'Etat, — le baron Cardon de Sandrans, maître des requêtes, étaient venus de la capitale prendre part à la solennité, ainsi que de nombreuses religieuses de Saint-Vincent de Paul dans leur costume si joli et si populaire, et plus de deux cents ecclésiastiques des diocèses voisins.

La ville était pavoisée ; des oriflammes flottaient aux entrées, des bannières et des drapeaux aux fenêtres ; des médailles et des images du saint étaient exposées partout.

Le lundi matin, les autorités du département et de l'arrondissement firent leur entrée : Préfet, Secrétaire général, sous-Préfet de Trévoux...

Le temps était mauvais, et cependant par tous les chemins la foule affluait. Parmi les assistants, on remarquait M. Bodin, député du corps législatif, M. Mantellier, conseiller à la cour d'Orléans , M. Claude Bernard, membre de l'Académie des sciences, plusieurs membres du Conseil général et des conseils d'arrondissement, les maires des communes.

La presse avait ses délégués : M. Aubineau, de l'*Univers* ; M. Randon, des *Publications illustrées* de Paris ; les rédacteurs de la *Gazette de Lyon* ; M. Hébrard, du *Journal des Bons Exemples*. Il y avait foule de voyageurs de divers pays, attirés par le sentiment religieux ou par la curiosité.

La cérémonie commença par une messe basse que dit le Supérieur des Lazaristes, et à laquelle les autorités se rendirent en cortège, au son des cloches, au bruit des boîtes, et escortées par les pompiers et par la musique de Trévoux.

Après l'Evangile, le père Etienne monta en chaire et rappela les vertus et les œuvres du Saint dans une allocution que nous reproduisons ici :

« *Hic fratrum amator, qui pro affectu pater appellabatur.* — Il fut l'ami de ses frères, et, par le dévouement de sa charité, il mérita d'en être appelé le père. »

« S'il parut jamais sur la terre un homme qui méritât un tel éloge de l'Esprit saint, c'est sans contredit celui dont la mémoire nous rassemble aujourd'hui autour de son image vénérée. Semblable à ces sons harmonieux qui se répètent d'écho en écho et vont ravir délicieusement les âmes dans un incommensurable lointain, le nom de Saint-Vincent de Paul traverse les générations, passe de bouche en bouche, ou plutôt de cœur en cœur, entouré de vénération et d'amour, à tous les peuples de l'univers, pour en faire la consolation et le bonheur. Seul, il reste debout au milieu des ruines de toutes les grandeurs de son temps. Déjà deux siècles se sont écoulés depuis que la mort est venue terminer sa course sur la terre, et il vit encore, plus même que lorsqu'il était au milieu des hommes, et un âge nouveau ne fait qu'ajouter une nouvelle auréole à sa gloire. D'un pôle à l'autre, on entend retentir dans toutes les langues le même cantique de reconnaissance et d'admiration : « Il fut l'ami de ses frères, et par le dévouement de sa charité, il mérita d'en être appelé le père. »

« Le monde élève des statues à ceux qui ne sont plus, mais ces statues indiquent le terme de leur carrière, la tombe où leur grandeur est venue s'ensevelir, comme tout ce qui passe; leur nom comme leur mémoire ne résiste pas aux injures du temps, il s'efface bientôt de l'esprit des peuples ; heureux encore quand une génération nouvelle, appréciant autrement le mérite des hommes, ne renverse pas dans le mépris ces monuments que la génération précédente avait élevés pour perpétuer leur gloire. Il n'en est pas ainsi des statues que la religion élève en l'honneur de ses saints, elles ne font qu'indiquer leur point de départ, et signaler leur passage sur la terre à la suite du Sauveur des hommes. C'est Dieu qui est admirable dans les saints, aussi leur mort ne termine pas leur carrière ; placés dans le sein de l'immortalité, ils n'ont fait que se dépouiller de leur enveloppe terrestre pour se revêtir d'une plus grande puissance, et puiser dans Dieu même une plus abondante fécondité.

« De même que l'on voit sortir de l'obscurité d'un rocher une source qui devient bientôt un grand fleuve dont les eaux bienfaisantes en traversant les provinces et les empires vont y répandre la fertilité et l'abondance, telle se présente la belle et magnifique carrière de charité ouverte par Vincent de Paul. Oui, Châtillon-les-Dombes, immortalisée par le court séjour que ce grand saint fit dans tes murs, je n'hésite pas à t'appliquer les paroles du prophète : « Tu es la plus modeste et la plus obscure des cités..., » et cependant c'est de ton sein que s'est élevé cet astre radieux de la charité qui répand aujourd'hui de si riches et de si magnifiques rayons d'amour et de miséricorde sur tous les pauvres de l'univers ! C'est toi qui as donné naissance à cette sublime inspiration qui a révélé dans le cœur de Vincent de Paul le cœur même de Jésus-Christ, et qui a été la source des merveilles de charité qui en ont fait une des plus grandes gloires de de l'Eglise et l'orgueil de notre patrie !

« Voyez, en effet, cette petite assemblée de dames organisée pour prendre soin des familles pauvres de cette paroisse ; voilà le point de départ de la charité de V. de Perseil. Transporté bientôt dans la capitale, cet essai modeste prend toutes les proportions d'une immense entreprise. C'est un grain de sénevé qui devient un grand arbre dont les rameaux bienfaisants s'étendent sur tous les points de l'univers pour nourrir les peuples de ses fruits délicieux.

« Voyez sortir de cette immortelle assemblée de dames ces flots de charité qui vont porter secours à nos provinces désolées par le triple fléau de la peste, de la guerre et de la famine. Ces secours nécessités par le malheur des temps se transforment en une semence d'institutions charitables qui bientôt couvriront notre patrie tout entière et provoqueront l'imitation des nations qui nous entourent. Quelle est l'origine de cette magnifique organisation, des bureaux de bienfaisance qui étendent aujourd'hui leur action salutaire de manière à atteindre toutes les misères du pauvre pour les soulager? C'est l'assemblée des dames de Saint-Vincent de Paul. Qui a eu le courage, qui a eu la première idée d'entreprendre la fondation de l'Institution admirable des Enfants Trouvés, qui sauve tous les jours la vie à des milliers d'êtres malheureux voués à l'abandon et à la mort? C'est l'assemblée des damesde charité de Saint-Vincent de Paul. Qui a pensé à établir la visite des pauvres à domicile, à ouvrir des écoles de filles dans les villes et les campagnes, dans le but de réformer la famille et de régénérer le peuple ? L'assemblée des Dames de charité de Saint-Vincent de Paul. Qui a formé le projet de ces gigantesques palais de la misère où se nourrissent toutes les infortunes et toutes les souffrances, depuis l'enfant au berceau jusqu'au vieillard sur le bord de la tombe, qui font si grand honneur à notre civilisation chrétienne ? L'assemblée des dames de Saint-Vincent de Paul.

« Contemplez maintenant cette immense famille de Vierges embrasées du beau feu de la charité, qui volent partout où il y a une larme à essuyer, une douleur à soulager, une infortune à consoler. Voyez les au chevet des malades, au fond des cachots, dans les salles des hôpitaux, au milieu des peuples désolés, sur les champs de bataille, bravant en même temps les dangers de la contagion et les horreurs de la guerre ! Qui a enfanté ces légions d'anges de miséricorde, qui se trouvent ainsi partout où se fait entendre le cri du pauvre, qui sont comme les rayons du soleil de Justice dirigés par un Dieu d'amour vers tous les points du monde, afin qu'aucune victime de la misère ne puisse échapper à leur douce et consolante iufluence? C'est l'assemblée des dames de charité de Saint-Vincent de Paul.

« Le grand apôtre l'a dit :

« La charité ne meurt jamais! » Loin de s'épuiser en traversant les siècles, sa fécondité augmente au contraire; elle s'élève toujours aux proportions de la misère des peuples. Le temps où nous vivons en est la preuve la plus manifeste ; il prouvera aussi à la postérité que si les nations ne sont guérissables, le moyen seul efficace de les sauver, c'est la charité. Aussi voyez l'immortel pontife qui occupait, il y a 26 ans, le siège de la capitale de notre France.

« Un orage effrayant se montrait, menaçant notre patrie et l'Europe entière des plus grands malheurs, à la veille de ces lamentables révolutions qui pouvaient plonger de nouveau les peuples dans l'anarchie. Il veut que le corps de Saint-Vincent de Paul soit porté solennellement en triomphe dans Paris ; c'était le drapeau de la charité qui se levait pour réduire toutes les âmes généreuses et les conduire au nouveau combat que la civilisation chrétienne allait avoir à soutenir. Bientôt nous voyons surgir ces nombreux combattants qui, s'inspirant des pensées, des maximes de Vincent de Paul, vont former une immense armée de soldats de la charité et combattre par les bonnes œuvres les funestes ravages causés par les doctrines antisociales. Les conférences de St-V. de Paul devinrent comme un vaste réseau de charité qui enveloppe la Société mourante pour la réchauffer et la rappeler à la vie.

« Aujourd'hui, un autre vénérable pontife érige une statue à Saint-Vincent de Paul, au lieu même où s'ouvrit sa belle carrière. C'est la religion qui fait une manifestation nouvelle. Il y a là aussi un mystère caché de la Providence; c'est le serpent d'airain élevé au milieu du désert pour la consolation et le salut de nos peuples travaillés par tant de maladies morales qui menacent leur existence. Les regards de nos sociétés modernes vont se tourner vers ce signe de salut pour obtenir la guérison de tous leurs maux. Ce sera la charité qui apaisera toutes les haines, qui calmera l'animosité des partis, qui éteindra toutes les divisions, qui réunira enfin tous les esprits et tous les cœurs dans un même amour de la Patrie...

« O grand saint que tant d'hommages honorent en ce jour, pendant que ce peuple élève vers vous ses vœux et ses prières, il me semble voir vos regards s'abaisser sur lui avec complaisance. Permettez-moi de vous rappeler, dans le sanctuaire où vous lui adressâtes la parole de Dieu avec tant d'amour, les dernières expressions de votre tendre charité au moment où vous vous séparâtes du troupeau si cher à votre cœur : « Bonnes gens de Châtillon, quelque part où je sois, je ne vous oublierai jamais, et je vous protégerai toujours. » Maintenant que vous êtes placé à la source des grâces, souffrez qu'un de vos enfants qui, malgré son indignité, occupe ici-bas votre place, vous supplie de toutes les puissances de son âme d'accomplir votre promesse. Oh! faites descendre d'abondantes bénédictions sur le vénérable pontife qui nous donne aujourd'hui un témoignage si solennel de sa sainte dévotion envers vous, qui offre un si bel exemple à l'épiscopat, qui retrace si admirablement vos vertus, qui se nourrit avec tant de zèle de votre esprit et de vos maximes, et qui honore vos enfants de tant de bienveillance et de tant d'amour. — Bénissez cette paroisse qui vous fut toujours si chère ; faites que la foi s'y réveille ardente, que la paix en fasse le bonheur et qu'elle devienne le modèle des autres paroisses de ce diocèse.

« Souvenez-vous de cette France au salut de laquelle vous avez travaillé avec tant de dévouement ; répandez dans son sein des effusions de charité qui cicatrisent les plaies, qui guérissent tous ses maux et qui la fassent redevenir digne du beau nom de fille aînée de l'Eglise. N'oubliez pas surtout l'intérêt si affectueux et si dévoué que vous portâtes toujours aux ministres des autels et faites que notre clergé français, par son zèle, par l'édification de ses vertus, soit toujours le plus respectable du monde. Enfin obtenez-nous de vous suivre tous sur terre dans la pratique du bien et dans l'amour des bonnes œuvres, et qu'un jour il nous soit donné d'entourer votre trône de gloire au séjour de l'immortalité. » (1).

Le discours du père Etienne fut suivi d'une quête faite par les dames de charité au profit de l'œuvre du monument, et dont le montant s'éleva à 500 francs.

A l'issue de la messe eut lieu l'inauguration de la statue. Une procession se forma, composée de jeunes filles portant des bannières, des dames de charité, des sœurs de St-V. de Paul, des orphelins de la maison de Bourg, des membres des conférences, du clergé, — procession présidée par l'archevêque de Belley entouré de son chapitre, — et qui se déroula par les rues de la ville. A sa suite, venaient les autorités politiques et civiles de la ville, de l'arrondissement et du département, les notables de la contrée : M. de la Bévière, dont les ancêtres avaient été évangélisés par l'apôtre, M. de Béost, M. Ferrari

(1) Numéro du *Courrier de l'Ain*, du 4 octobre 1856.

de Romans, M. Desgarets, M. le baron de Varay, M. de la Rochette, M. Munet.

Une foule immmense accompagnait le cortège. Arrivée sur la place de l'hôpital, la procession se rangea autour du monument ; les Sociétés et les autorités prirent place sur des estrades, et M. Caillon, maire de Châtillon, prit en ces termes la parole au nom de la ville qu'il administrait :

« En embrassant du regard cette imposante réunion assemblée sous de saints auspices pour la plus touchante des solennités, je ne puis me défendre de l'émotion la plus profonde. Ma bouche ne saurait exprimer pour moi, encore moins pour la cité que j'ai l'honneur de repré-représenter, ce que nos cœurs voudraient faire éclater de respect et d'admiration. Je dois cependant, quelque faible que puisse être l'expression de mon hommage, je dois, comme édile de la ville que St-V. de Paul a tant aîmée, *saluer son retour.*

« Aux premières années du XVII^e^ siècle, la misère oppressait l'humanité. Activement secondée de ses auxiliaires hommicides, la maladie et la faim, elle jonchait de ses nombreuses victimes le pavé des villes et la fange des hameaux. Le pied heurtait à chaque pas de pauvres enfants nouvellement nés abandonnés par leurs mères, de pauvres vieillards infirmes délaissés par leurs enfants, des incurables, des aliénés, des malheureux de toutes sortes, gisant, expirant sur la voie publique. Alors surgit, Dieu le permettant, un saint vengeur pour la combattre et la terrasser : ce fut St.-V. de Paul, sorti d'une pauvre bergerie comme son maître divin d'une étable.

« Lorsque ce héros de la charité inaugura sa campagne évangélique, c'est à Châtillon-les-Dombes qu'il dresse sa première tente. Cette enceinte hospitalière voisine de nous fut son premier camp ; ses premiers miliciens sont les dames de Châtillon, et pour nom de guerre il faut leur donner cette belle appellation : « Servante des Pauvres ! » Cette circonstance étant bien glorieuse pour notre ville modeste, un monument durable devait en perpétuer le souvenir.

« Honneur à l'illustre prélat initiateur et consécrateur de cette solennité commémorative !

« Honneur au premier magistrat de notre département dont la haute approbation nous concilie l'auguste assentiment de l'empereur !

« Reconnaissance envers les coopérateurs de cette œuvre à la fois religieuse et civile !

« Remerciements aux illustrations dont la présence ajoute tant d'éclat à cette manifestation locale !

« Félicitations publiques au savant artiste dont le talent bien inspiré nous a rendu notre ancien et vénéré pasteur !

« Lorsque le voile qui couvre ce chef-d'œuvre tombera sous les paroles saintes de la bénédiction, vous tous qui m'écoutez, tous vous direz comme moi : oui, c'est bien lui ! Ce n'est point un bronze froid, inanimé ; sous le dur métal palpite de charité le cœur de V. de Paul ! O Châtillon, tous les amis de l'humanité voudront venir dans tes murs contempler les traits de l'un de ses plus grands bienfaiteurs !

« Réjouis-toi, ville privilégiée ! Voici désormais ton saint palladium ! (1) »

---

(1) Numéro du *Courrier de l'Ain*, du 2 octobre 1856.

Mgr l'évêque de Belley gravit alors les marches du piédestal de la statue et prononça un nouveau discours, que la pluie menaça d'interrompre.

« Un prophète, lisant dans l'avenir, saluait avec respect Bethléem et félicitait cette petite ville obscure et ignorée d'avoir été choisie pour la patrie et le berceau du sauveur du monde. Qu'il me soit permis de saluer aussi avec respect la ville de Châtillon et de la féliciter d'avoir été la paroisse de Saint-Vincent de Paul et le berceau de toutes nos œuvres de charité.

« Et toi, Châtillon-les-Dombes, tu n'es pas la moindre des villes de ce diocèse : tu seras au contraire à jamais illustre entre toutes les villes de France, de l'Europe, du monde, car c'est de toi que, sous l'inspiration de ton saint curé, sont sorties ces admirables associations qui soutiennent la Société sur ses bases ébranlées !

« C'est là, en effet, dans cet hôpital de Châtillon, qu'ont été créées les dames de charité, et les femmes du monde qui ne s'étaient réunies jusqu'alors que pour des assemblées de plaisir, ont commencé à s'associer pour les intérêts des pauvres !

« C'est là, en effet, dans cette église de Châtillon, que Dieu a fait descendre dans le cœur de Vincent la première idée de ce que peut une femme quand elle se dévoue à l'exercice de la miséricorde ; et voilà le vrai berceau de cette pieuse et admirable congrégation qui donne des mères aux orphelins, des garde-malades aux hôpitaux, des sœurs Rosalie aux quartiers les plus pauvres de notre ville, des martyrs à la Crimée et des anges au ciel.

« C'est ici, à Châtillon, ne puis-je pas même le dire, que s'est préparée pour éclore après deux siècles, cette société de jeunes hommes qui se glorifient d'avoir l'esprit plus encore que le nom de Saint-Vincent de Paul, et dont les membres viennent si heureusement puiser aujourd'hui près de ce monument une nouvelle ardeur pour le bien, et nous montrer par leurs exemples ce que doivent être des chrétiens vraiment dignes de ce nom.

« En ce moment, sur cette place, dans ces rues, sur les rives de la Chalaronne, au milieu des ruines de ce vieux château, je crois voir apparaître l'ombre de Vincent, elle plane sur ces maisons qu'il visita, sur ces lieux qu'il parcourut si souvent, sur ces familles dont il connut, baptisa, instruisit, consola et soulagea les pères ; et ce n'est pas une illusion de ma part que de me représenter notre auguste patron abaissant ses regards du haut du ciel et se trouvant heureux de rencontrer, au lieu même où il méditait ses pieuses entreprises, ceux qui ont su si bien les développer, les étendre et les rendre populaires.

« Soyez donc bénis, ô mes frères, d'honorer comme vous le faites, après deux siècles écoulés, le curé de vos pères, le créateur de nos œuvres, le bienfaiteur de l'humanité, et un des hommes les plus glorieux pour la religion et pour la Patrie, pour le clergé à la tête duquel j'ai l'honneur d'être placé, et pour la bienaimée population dont je suis fier aujourd'hui surtout d'être l'évêque et le père !

« Remerciements aux conseils du département et de la ville et aux nombreux souscripteurs qui nous ont permis d'élever, dans notre chère mais pauvre Dombes, un monument que nous a envié la capitale et que déjà elle s'empresse de faire reproduire sur le marbre par l'habile artiste à qui notre pays a donné la vie, à qui notre foi a donné l'inspiration.

« Reconnaissance aux magistrats qui avec un si généreux concours ont favorisé notre entreprise, et qui aujourd'hui par leur présence procurent à notre fête son plus bel ornement. Reconnaissance au clergé qui a bien voulu s'associer à la première œuvre qu'il me fût permis de commencer dans ce diocèse en secondant les vues de mon vénérable prédécesseur. Reconnaissance aux pèlerins qui ont daigné accepter nos invitations et se réunir à nous pour fêter notre père commun.

« Le supérieur de Saint-Lazare, les filles de la Charité, les membres des Conférences, les Dames de Miséricorde, tous ceux qui s'occupent de bonnes œuvres ne pourront jamais à Châtillon être regardés comme des étrangers, et nous sommes heureux de pouvoir nous dire que dans cette foule, il n'y a qu'une seule famille, celle de Saint-Vincent de Paul.

« Mais à vous surtout tendres remerciements et vive reconnaissance, « *bonnes gens de Châtillon* », comme vous appelait votre saint! Vous avez su apprécier les précieux désirs de votre bon et vénérable pasteur, de celui qui aime à se nommer le vicaire de St-V. de Paul, et vous avez imité sa générosité; vous avez partagé le zèle patriotique de votre maire, et vous avez d'après ses désirs, moulé sur le bronze l'image de celui qui fait et fera toujours la plus douce et la plus grande gloire de Châtillon. Vous avez admirablement secondé le dévouement et les efforts des membres de la commission, et vous êtes noblement associés à eux pour rendre cette fête à jamais mémorable. Je vous rends grâce de vos arcs de triomphe, vos guirlandes, vos banderolles, vos oriflammes, pour toutes ces décorations gracieuses que vont remplacer dans quelques heures les brillantes illuminations qui prolongeront cette journée, la plus belle de toutes celles qui se lèveront jamais pour notre ville ; mais je vous rends grâce surtout pour ces larmes, ces larmes échappées de votre cœur, par lesquelles vous avez unanimement salué la première apparition de cette statue.

« Achevez, ou plutôt, tous, achevons notre ouvrage : devenons nous-mêmes une vivante image de Saint-Vincent de Paul, ayant sa foi, sa charité, son amour pour Dieu et pour les pauvres, son dévouement et son activité pour toute sorte de bien. C'est alors que nous pourrons espérer avec confiance que du haut du ciel il nous adressera encore les paroles qu'il adressait à vos pères en se séparant d'eux : « *Bonnes gens de Châtillon, partout où je serai, je me souviendrai de vous et je vous protégerai !* » (1).

Des chants religieux suivirent ce discours. Le prélat bénit le monument ; puis, la procession se reforma pour rentrer à l'église où un salut fut chanté.

Différents banquets avaient été organisés, et, comme il n'y avait aucune salle assez vaste pour recevoir les participants, les membres des conférences se réunirent dans un hôtel, les ecclésiastiques à la cure, sur l'invitation de M. Carrier, pasteur de la paroisse. Un dîner officiel, offert par la ville aux autorités, aux supérieurs de divers ordres, au statuaire, aux présidents des conférences, réunit 70 personnes. A la fin de ce diner, M. Caillon lut un poème composé quelque temps auparavant et intitulé : « *Projet de quelques stances à l'occasion de l'érection prochaine d'un monument à Saint-Vincent de Paul, à Châtillon-les-Dombes* (2).

(1) Numéro du *Courrier de l'Ain* du 2 octobre 1856.

(2) Une plaquette, Bourg 1856.

Détachons-en quelques strophes, moins pour leur valeur littéraire que pour la sincérité du sentiment qui les a inspirées :

Salut trois fois, trois fois hommage,
Bronze parlant, airain sacré,
Qui nous rends la fidèle image
De notre pasteur vénéré !
Qu'ici le pélerin s'arrête,
Et devant cette noble tête
Incline son front découvert !

C'est que c'est bien le digne prêtre
Que Châtillon vit en ces murs
Faire chérir du divin Maître
Les dogmes si doux et si purs ;
Jeter la féconde semence

De l'arbre à l'envergure immense
Sous lequel, innombrable essaim,
Viennent s'abriter ceux qui pleurent,
Ceux qui souffrent et ceux qui meurent
De froid, de misère et de faim !

Sois fière, ô ville bien aimée,
De ton monument glorieux !
Les cent voix de la renommée
Vont le publier en tous lieux.
Laisse à d'autres villes plus vastes
L'orgueil naturel de leurs fastes,
Et leurs guerriers et leurs savants :
Tu seras la ville bénie
Où Vincent, grâces au génie,
Est revenu chez les vivants.

Quelle est touchante cette scène
A laquelle le ciel prend part !
Combien elle est calme et sereine
Pour la pensée et le regard !
Ivresse pure, ivresse sainte !
Sur chaque visage est l'empreinte

De ce que chaque âme ressent.
Image de la douce joie
Qui radieuse se déploie
Au retour d'un bon père absent !

. . . . . . . . . . . . . . . . . . .

Un jour, en ses tendres années,
Couvert de la rustique peau,
Du fond d'un val des Pyrénées,
Vincent ramenait son troupeau.
Un ours paraît dans la clairière,
Aiguisant sa dent meurtrière
Contre l'impuissant défenseur.
L'enfant se signe ; un éclair brille ;
L'animal foudroyé vacille,
Tombe... sous le feu d'un chasseur.

« Enfant, c'est Dieu qui te protège,
« C'est lui qui vient d'armer mon bras ;
« De ce pic couronné de neige,
« Dieu par moi veillait sur tes pas,
« Mon esprit les a devinées :
« Saintes seront tes destinées ;
« De son sceau Dieu te marque au front,
« Sois à lui ; que rien ne t'arrête ! »
Ainsi parle l'anachorète
Qui prie et chasse sur le mont.

Et l'enfant, non sans grosses larmes,
Va, quittant le toit paternel,
Faire sa première nuit d'armes
Sous les tentes de l'Eternel ;
Et s'enrolant dans les phalanges
Qui combattent, avec les anges,
Les monstres vomis des enfers,
Il se livre aux saints exercices
Qui doivent terrasser les vices
Et les fléaux de l'Univers.

Conquête éclatante sans doute
Et qui pouvait enorgueillir !
Mais il est encor sur sa route
De nobles palmes à cueillir.
La misère, sous mille formes,
Sans pitié, de ses bras énormes,
Etreint la frêle humanité :
Reconnaissant de la victoire,
L'univers proclame la gloire
Du héros de la charité.

Et quand Vincent que Dieu rappelle,
Accablé d'ans et de vertus,
A dû sur la couche mortelle
Poser ses membres abattus,
Cette bouche qui va se clore
Avec amour formule encore
L'impérissable testament
Où les malheureux d'âge en âge,
Ont part à l'immense héritage
Que leur créa son dévouement.

Le temps, qui avait été pluvieux le matin, se montra plus clément l'après-midi, ce qui permit à la musique de Trévoux d'organiser un concert au pied de la statue de Saint-Vincent de Paul. Le soir, il y eut illumination de toute la ville et feu d'artifice.

Telle fut cette journée dont Châtillon garda depuis le souvenir, fidèlement, respectueusement.

Puis-je ajouter que, s'il est infiniment doux aux contemporains des jours comme celui-là de les voir et de les vivre, — il est délicatement reposant pour l'historien, laissant un instant de côté les chapitres de guerre ou de finances, — de pouvoir lui aussi les vivre à sa façon, en les décrivant — et en les commémorant.

Louis Perret.

## Pièces Justificatives

### PIÈCE I

**Traité entre Philippe, comte de Savoie et de Bourgogne, et Sibille, dame de Baugé et de Bresse.**

(*Extrait par Guichenon de la Chambre des Comtes de Savoie. Preuves de l'*Histoire de Bresse, *p. 13-14*).

Nos frater Aymo miseratione divina Gebennensis episcopus, et nos magister P. de Magena officialis curiæ gebennensis, notum facimus universis presentes litterasinspecturis, quod cum vir Illustris Dominus Philippus Sabaudiœ et Burgundiæ comes diceret et attenderet coram nobis se habere, Jus et partagium, in terra, Dominio, jurisdictione, ac districtu Baugiaci ea ratione quôd Alexander Filius quondam Domini Reynaudi Domini quondam Baugiaci instituerat ipsum Dominum comitem hœredem suum in sua ultima voluntate, et in omni jure quod habebat vel habere poterat, quo quomodo in terra, jurisdictione, Dominio et districtu Baugiaci, tam ratione bonorum paternorum et maternorum, quam ratione successionis Reynaudi fratris quondam dicti Alexandri, seu qualibet alia causa vel ratione.

Asserens idem Comes, quod cum idem Reynaudus Frater Alexandri ab intestato decesserit portio ipsius hœreditaria, videlicet Castrum et villa de Burgo in Bressia, castrum et villa sancti Triverii de Cortoz, castrum et villa Cusiriaci, castrum et villa de Sagio, cum appenditiis universis, jurisdictione mera et mixto Imperio eorumdem, addictum Alexandrum, et per eum addictum Dominum comitem et ad Sibyllam filiam quondam Domini Guidonis Domini quondam Baugiaci Fratris quondam dictorum Alexandri et Reynaudi communiter pertinebat, post hœc, his expositis, et astensis dictæ Sybillæ et ejus consillis, dicta Sybillæ certificata de jure suo universa, et singulasupra dicta, coram nobis prœsente Domino dicto Comite confessa fuit esse vere, supplicans dicta Sybilla dicto Domino comiti, ut pro omni jure præmisso conveniret cumipsa de certa portione in terra Baugiaci assumenda, cui supplicationi, dictus Dominus comes annuens convenit, et composuit, cum ipsa de omni jure prædicto amicabiliter in hunc modum. Videlicet quod idem Dominus, Comes habeat, teneat, et possideat in perpetuum, tam ipse, quam hæredes seu adgnoti ipsius, pro jure, et partagio prædicto, et pro omni alio jure quod habebat, vel habere poterat in terra Baugiaci, Castrum et villam de Burgo in Bresssia, *Castrum et villam Castilionis super Calaronam et Castillanas et appenditias eorumdem*, cum omni jure Domino, et jurisdictione mero, mixto Imperio, et districtu, feudis, homagiis, et aliis usagiis universis, dicta si quidem Sybilla coram nobis, sciens, prudens et spontanea major quotuordecim annis, quittat et guerpit dicto Domino comiti pro se hæredibus, et adgnatis suis ex caussa præmissa omne jus, Dominium utile, et directum, et usagia qualiacumque et quocumque nomine censeantur, quod et quæ habet, et habere potest in dictis et villis de Burgo, et *de Castillione*, cum juribus, et appenditiis prout superius est expressum, cedens si quidem dicta Sybilla dicto Domino comiti ex causa prædicta omnia jura, et actiones, quæ et quas habet, vel habere potest in rebus, et bonis prædictis supra dicto Domino comiti assignatis, faciens eum procuratorem in rem suam in actionibus, et juribus ante dictis transferens in eum nihilominus ex causa prædicta omnes actiones reales, et personales, mixtas, utiles, et directas, — versa vice dictus Dominus comes tenens se pro contento de dictis castris et villis de Burgo et *de Castiliône* prœdictis, et appenditiis eorumdem pro omni jure quod habebat, et habere poterat in terra Baugiaci, quittat, guerbit prædictæ Sybillæ residuum dictæ terræ, — confitetur etiam coram nobis dicta Sybilla habuisse, et accepisse legitimum computum, et bonam, et legitimam rationem, a prœdicto Domino Comite de omni administratione, quam gessit in bonis, et partagio dictæ Sybillæ, a tempore quo gessit aut genere incepit, usque ad tempus confectionis præsentium litterarum, — quittans, et absolvens penitus dictum Dominum comitem, et hœredes suos, de omnibus perceptis ab ipso vel mandato ejus in tota terra, et Dominio Baugiaci, tam in redditibus, quam exitibus, obventionibusque, et proventibus, et aliis quibuscumque, omnia vero universa, et singula prout scripta sunt promittunt dictus Dominus comes bona fide, et dicta Sybilla per juramentum super sancta Dei Evangelia corporaliter præstitnm, attendere firmiter, et inviolabiliter observare, et contra per se, vel per alios in judicio, vel extra, facto, vel verbo aliquatenus non venire hæc autem omnia, universas, et singula supra dicta Amedeus filius quondam Domini Thomæ de Sabaudia comitis, nepos prædicti Domini Philippi Comitis, sponsnodicta Sybillæ laudat, approbat, et confirmat promittens per jura mentum coram nobis corporaliter præstitum contra prædicta non venire, vel aliquod de prædictis, in cujus rei testimonium, nos Episcopus et officialis prædicti, sigilla nostra duximus præsentibus literis, apponenda, nos verso Philippus Sabundiæ et Burgundiæ comes et nos Amedeus, et Sybilla prædicti laudantes, confirmantes et approbantes omnia supra dicta, una cum sigillis Domini Episcopi et officialis prædictorum sigilla nostra duiximus litteris præsentibus apponenda, in testimonium veritatis. Datum et actum apud Chillonem, nonas Julii, Anno Domini millesimo ducentésimo septuagesimo secundo. »

PIÈCE II

# Déclaration des biens des Communautés 1666

## CHASTILLON-LES-DOMBES

*(Extrait d'un registre manuscrit des Archives départementales de l'Ain. — Pièce non classée.)*

| | |
|---|---|
| | I |
| Une petite ville cloze, appelée Chastillon-les-Dombes, y ayant un petit hameau appelé Buenans qui ne consiste qu'en six maisons et dans lequel hameau il y a cinq métairies. | Le nom de la paroisse, des fiefs? Hameaux et métairies qui en dépendent? |
| | II |
| De l'archevêché de Lyon. | De quel évêché? |
| Du baillage de Bresse. | De quel baillage? |
| Du grenier à sel de Chastillon. | De quel grenier à sel? |
| De la recepte de Bourg. | De quelle recepte? |
| | III |
| Mademoiselle de Montpensier. | Qui en sont les seigneurs? Leurs noms, qualité, faculté, mœurs et emplois? |
| | IV |
| Immédiatement du roi. | De qui elle relève? En quelle justice elle est? |
| En titre de comté. | Sous quel titre de simple seigneurie, baronnie ou autre? |

| | |
|---|---|
| | V |
| Consiste en rente noble, un pré, le droit de coppuage, pension sur les fours bannaux, sixième du dîme de la paroisse et office du greffier et vaut annuellement mille livres. | Quel est le revenu? En quoi il consis e? |
| Elle a un quart de lieue de long et autant de large. | Sa situation, l'étendue du finage? |
| Il ne s'y fait qu'un petit trafic de poissons, blé et filet non fabriqué. | Le commerce qui s'y fait ou peut se faire? |
| Il y a un ruisseau appelé Chalaronne qui tarit en été, servant à faire mouvoir quelques moulins en hiver. | S'il y a une rivière — son nom? |
| Un pont sur le vieux ruisseau qui passe en ladite ville et deux autres moindres en dehors de ladite ville sur ledit ruisseau, qui sont de grande dépense. N'y ayant point de grand passage. | Un pont, Un passage? |
| | VI |
| Il n'y a aucun bois de haute futaie ni chauffage. — Pays de vallons à seigle — très peu de vignes — peu de prés. | Si c'est un pays de forêts — de plaine de froment, de seigle, d'avoine, de vigne, de prés? |
| La coupée de terre y vallant 61 livres. | Que vaut l'arpent de terre — de vigne — de bois — de prés —? |
| La charrée de foing, cent livres. | La voiture? |
| | VII |
| Il y a environ huit cents communiants. | Le nombre des habitants de la paroisse, des fiefs, hameaux et métairies qui en dépendent? |
| Il y a huit métairies appartenant aux bourgeois, à la réserve de trois; | |
| Sont pauvres pour avoir été ruinés par les gens de guerre, avant qu'ils fussent à Mademoiselle, et même depuis qu'ils ont l'honneur de lui appartenir. | S'ils sont estimés riches ou pauvres? |

VIII

A quelle somme la paroisse, fiefs et hameaux qui en dépendent sont imposés?

Ladite ville est imposée à mille III c l pour la taille ordinaire, à mille IIII x x XIII l pour la subsistance et à III c IIII xx X III pour l'exemption des quartiers d'hiver.

Si c'est par des commissions séparées?

Par commission du roy.

S'il ne se fait d'imposition que pour le denier du roy?

Il ne s'y fait aucune imposition que pour le roy.

IX

S'il y a des péages?

Il n'y a point de péage, seulement un droit de contrepinte appelé le trezain, accordé de toute ancienneté par les ducs de Savoie et confirmé par les rois de France, qui est patrimonial à la ville; le revenu duquel sert pour supporter les charges ordinaires de la ville qui reviennent à m x x l.

OCTROIS ET CHARGES ORDINAIRES

X

S'il y a des dettes et de la quantité d'icelles?

Il y a des dettes jusqu'à la somme de x m IIII x x 61 H x III s. x I s. l., pour l'intérêt desquelles sommes les habitants ont été obligés d'obtenir un double trezain et octroi qui ne suffit pas pour le paiement des dits intérêts, lesquels vont toujours accumulant.

XI

S'il y a des communaux, la quantité et qualité;
S'il y en a d'usurpés ou d'aliénés.
La quantité et qualité.
A qui?
Pour quel prix et depuis quel temps?

Il y a des communaux en bruyères de cent coupées de semaille servant pour le pâturage du bétail et pour prendre des terres pour faire du plastre ou torchis—desquels ils se servent pour construire les maisons de ladite ville, laquelle est bâtie en bois et non en briques ni en pierre.
Les dits communaux chargés de 80 couppes de seigle de semis.

XII

De quel revenu est la cure?

Le revenu de la cure vaut IIII c l. annuellement, chargée d'un vicaire.

| | |
|---|---|
| Les seigneurs comtes de St-Jean-de-Lyon en sont collateurs. | Qui en est le collateur? |
| Le curé ne fait trop bien son devoir, sujet au cabaret et donnant mauvais exemples. | Si le curé s'acquitte de son devoir? |
| | XIII |
| La dîme appartient aux seigneurs comtes de St-Jean-de-Lyon pour les trois quarts et le 6e à Mademoiselle, et enfin le 12e au seigneur Pey Villent. IIII l. annuellement, se prenant sur les blés à raison de la la XIIe gerbe et du vin la 21e mesure. | A qui la dîme de la paroisse appartient-elle? Sur quoi elle se lève? Affermée ou estimée? |
| | XIV |
| Il y a une chapelle dans ladite église, sous le vocable de St-André, composée de six chanoines, et le curé est toujours doyen dont les prébendes peuvent rendre chacune IIcXI l, le doyen prenant pour deux. | S'il y a quelque bénéfice dans l'étendue de la paroisse ou proche d'icelle, comme abbaye, prieuré, chapelle? |
| Il y a une mission de six pères capucins, établie au dit lieu, qui vivent régulièrement en l'observance de leurs règles, prêchant et confessant dès environ 35 ans. | De quel ordre? S'il y a des religieux ou non? Le nombre? S'ils sont réformés? |
| Il y a des religieuses ursulines servant pour l'instruction des filles et à tenir des pensionnaires, qui ne possèdent aucun fonds et vivent sous l'observance de leurs règles, établies dès 30 ans. | Si le service s'y fait bien? En quel état sont les bâtiments? |
| Il y a encore une chapelle en ladite église, où il y a une confrérie de pénitents cafalonniers; ils s'assemblent tous les 3es dimanches; composée de divers habitants de ladite ville. | De quel revenu est le bénéfice? Qui en est le collateur? Qui en est le possesseur? Sa vie, sa santé, son âge, ses noms. |

(*Archives* de la Préfecture de l'Ain.)

## PIÈCE III

### Description de la ville de Châtillon.

*(Extrait d'un mémoire sur le duché de Bourgogne, Registre manuscrit aux archives de l'Ain, et non classé, datant de 1694-1697.)*

La ville de Chastillon est située dans un valon, entre deux colines, l'une au midy, l'autre au nord. La rivière de Chalaronne la traverse. Les prairies sont des meilleures. Le terroire est maigre et aride, qui ne raporte que du seigle,

La longueur d'orient en occident, depuis la porte du Bourg jusqu'à l'extrémité des murs du chateau est de 194 toises, sa longueur depuis la porte de Villars jusqu'aux murs qui sont au septentrion est de 120 toises.

Le circuit est de 650 toises, il y a trois portes : de Bourg, de Lyon et Villars.

Il n'y a qu'une Eglise paroissialle.

En 1651, on convertit en chapitre une Société de six prêtres qui étaient dans la dite église.

Et ce chapitre est aujourd'huy composé d'un doyen, d'nn chantre, d'un sacristain, de cinq chanoines ; il y a cinq enfants de chœur.

Le doyen a double prébende et jouit de quelques fondations ; tous les autres n'ont que 300 livres de revenu. La communauté est chargée des frais de la fabrique.

Les capucins ont un couvent à Chastillon, qui n'est

proprement qu'une mission composée de cinq prêtres et deux frères lays.

Il y a encore à Chastillon un couvent de religieuses ursulines qui ont à peine 1.600 livres de rente et sont 24 de chœur et six converses.

L'Hostel-Dieu n'a pour batiment qu'un batiment où il y a 7 à 8 lits. Son revenu est de 600 livres.

Les pénitents ont une chapelle à Chastillon.

Ils sont 28 confrères.

Il y a 2 prêtres tirés du séminaire de Charles de Lyon, qui ont la direction du collège, où ils enseignent à lire, escrire, et la grammaire avec la doctrine chrestienne, aux petits enfants.

Pour la ville de Chastillon et pour les paroisses qui en dépendent, il y a un juge ordinaire, un juge des appellations, un procureur d'office et un greffier.

La chatellenie est composée d'un chatelain et d'un curial.

Il y a un grenier à sel où sont les mêmes officiers que ceux du grenier de Bourg ; on a depuis peu étably un receveur particulier.

L'Hostel de ville est régy par un maire et un greffier qui sont titulaires, huit consyndics, 2 syndics, un procureur et secrétaire.

Les deux dernières charges ont été raschetées par la communauté. Tous ces derniers offices sont nommés par le peuple. La ville, pour supporter ces charges, lève un droit sur le vin qui se vend en détail, qui s'amodie depuis 1,000 livres jusqu'à 1.500 livres.

Quoyque Châtillon ne soit pas pays de vignobles, il s'y fait néanmoins un grand commerce de vins, parce que c'est là le lieu de repost des vins du Beaujolais et du

Mâconnais qu'on y vient achepter de quantité de paroisses du pays qui n'en peuvent avoir d'ailleurs.

Les habitants de Chastillon sont paresseux et portés à la chicasne.

## PIÈCE IV

### Teneur des articles attachés a la Requeste adressée au Duc de Savoie en 1577.

*Articles que les scindics et conseillers de la ville de Chastillon de Dombes préseutent à nos seigneurs avec humble supplication les accorder et approuver en acceptant la requeste cy-jointe touchant le droict de trézain de la dicte ville pour le bien et utilité d'icelle.*

Premièrement que suivant la coustume ancienne et possession à laquelle lesdicts suppliants ont été par temps immémorial et sans difficulté sont en cours de présent tous vendans vins en détail, tant hostes, tavernier, cabaretier qu'aultres dans l'enclos de ladicte ville, faubourg et chastellenie d'icelle payeront comme ils font de présent ledict trézain.

Sçavoir que par chaque tonneau de la contenance de deux asnées et demy que l'on appelle Masconnois — ou bien de trois asnées que l'on dict fute de pays se vendant le pot de vin au détail un sol savoye, se payera comme sans difficulté se paye de présent un florin savoye et le vendant plus ou moins le payera à l'équivalent.

Sur lequel débitement et détail l'on est en coustume rabattre le boire des vendeurs et de leur famille ensemble l'ouïllage des vins.

Et parce que par le moyen du rabais le plus souvent il ne se paie qu'à discrétion et comme revient dudict droict supposants les vendeurs qu'ils ont bu en leurs familles, la plupart des vins qu'ils ont exposés en vente, là où il adviendrait que lesdicts vendeurs ne pourroient accorder amiablement du dict rabbais avec les dicts syndics, seroient tenus les dicts vendeurs à la simple sommation qui leur sera faicte par les dicts syndics, en présence de deux témoins gens de bien et dignes de foy. de comparoir de même jour par devant le châtelain ou curial du lieu, lesquels arbitreront dudict rabbais et ce à peine contre les refusans de perdre ledict rabbais.

Et d'aultant que grands abus se commettent par les dicts hostes et vendans vins à détail en ce qu'ils recellent aux scindics ou à leurs fermiers le vin qu'ils débitent par beaucoup de moyens, soutenans le plus souvent avoir vendu la plupart de leur vin en gros, frustrant par ce moyen lesdicts scindics ou fermiers de ce qui justement et équitablement leur est deu, encore qu'ils mettent tout l'ordre qui leur est possible à contrôler les vins.

Tous faisants train et traffic d'acheter vin pour le revendre en gros et en détail ne pourront pas cy après encaver ni décaver aucun vin sans appeler les dicts scindics ou deux ayant cause pour l'enregistrer et controler à peyne de paiement quadruple.

Seront néantmoins tenus lesdicts scyndics ou d'eux ayant droict se transporter aux maisons, caves ou sellliers desdicts hostes et aultres faisant le trafic promptement et incontinent, que par eux en seront acquis aux fins de controle le vin qu'ils encaveront ou décaveront sans uzer d'aucun retardement.

Et là où les scindics ou fermiers se trouveront absents de la ville, suffira qu'ils soient appelés par les vendeurs à la personne de l'un de leurs domestiques lequel y assistera si bon luy semble, et en cas de retardement ou absence, pourront les vendeurs encaver ou décaver leur vin comme bon leur semblera sans encourir aucune peyne pour qu'il apparoisse de ce que dessus.

Ne pourront toutefois hostes ou aultres faisant ledict trafficq empêcher l'entrée de leurs caves en celliers aux scindics ou d'eux ayants cause lorsqu'ils y iront pour tenir controlle de leurs vins.

Et finalement, parce qu'il y a plusieurs desdicts hostes et vendeurs lesquels par malice ne veulent convenir par amodiation avec les scindics ou leurs fermiers, comme l'on a de bonne coustume encore qu'ils les traittent amiablement au possible — et par ce moyen ne payent rien, sans plaider, chose qui revient à grands frais et dommages du publicq — sera par les scindics ou d'eux ayant cause dressé et tenu registre, lequel étant dûment et en bonne forme signé par deux témoins gens de bien et dignes de foy — étant produit en jugement sera autant valable comme s'il étoit reçeu par main de notaire, lequel registre contiendra controlle de la quantité du vin encavé ou décavé par lesdicts hostes ou aultres vendeurs, selon les vérités que lesdicts scindics ou fermiers en feront.

*(Extrait et Collationné par les mesmes, le dernier may 1619).*

Le Sénat faisant droict sur ladicte requeste quant à ce ayant égard aux conclusions susdites, a ordonné et ordonne que lesdicts supplians jouyront du bénéfice dudict arrest.

Fait à Chambéry audict Sénat et prononcé au procureur général et au procureur des supplians, le 28 juin 1577.

*(Extrait des Registres du souverain Sénat de Savoye).*

*(Extrait et collationé par les mesmes.)*

---

## PIÈCE V.

### Conditions du bail à ferme du droit de trézain de Châtillon et adjudication de 1698.

---

*(Extrait dm Registre des délibérations de l'année 1698).*

*(Archives de Châtillon, B. B. 32.)*

---

Du 23 décembre 1698.

Dans la Chambre de Ville de Chastillon les Dombes et en présence des sieurs conseillers et officiers de ladicte Chambre ont comparu les sieurs Charles Hoste et François Hidon scindicq par S. A. S. montseigneur le Prince, lesquels ont représenté qu'il estoit à l'amodiation du droit de trézain, appartenant à la communauté, et d'en faire la destinance ou plus tost, au trente uniesme du mois. C'est pourquoi ils ont faict publier par Jean Louys Prost vallet de la ville que la délivrance du trézain sera en ceste chambre le jour trente uniesme de ce mois de décembre à la chandelle esteinte, et d'aultant qu'il est advantageux à la dicte communauté de faire plusieurs publications ont requis lesdicts sieurs conseillers et officiers de vouloir recevoir les Enschères par le secrettaire de ladicte ville, à commencer ce jourd'huy et continuer le jour suyvant, dont acte.

Conditions du bail et ferme des droits patrimoniaux du trézain et bandeau deus à la ville de Châtillon-les-Dombes dans l'estendue de la justice d'icelle par ceux qui vendent le vin à petite mesure.

I. — Premièrement. — Le dict bail sera délivré pour une année à commencer dès le premier jour de janvier 1699, et finira, le dernier jour de la dicte année.

II. — Le fermier donnera bonne et suffisante caution, laquelle sera contredicte par les scindics et acceptée par les conseillers et officiers de ceste chambre lors de la délivrance.

III. — Que le fermier et sa caution fourniront les années accoustumées ou bien la somme de vingt livres outre le prix de leur enchère.

IV. — Que le fermier ne pourra prétendre aucune diminution pour quelque cause que ce soit et qu'il ne lève et ne lèvera ledict droict de treizain atbandeaux que suivant l'ancienne coustume et le privilège de ladicte ville.

V. — Que le fermier paye à la prise de son bail, de trois mois en trois mois, sçavoir la quatriesme partie chaque fois, entre les mains de celluy que le conseil trouvera à propos avec la communauté convoquée à ce subjet. Et que au cas où celluy qui sera comis par le Conseil pour la recepte des deniers provenant du trézain ne soit pas en ville ou soit en demeure de payer les charges de la ville ou les frais nécessaires, lequel fermier pourra estre contraint de deslivrer auxdicts sindics de son bail les deniers nécessaires et jusqu'à la somme de soixante livres après, touttefois qu'il aura été vériffié et que le fermier est en demeure de payer à la communauté.

VII. — Que le fermier donnera expédition à ses frais du présent bail, et recevra dans huit jours après la deslivrance, à peine de vingt livres d'augmentation du prix du bail, et d'estre tenu aux frais.

VIII. — Finalement, le fermier payera le droict deubt au secrétaire sans diminution du prix dudict bail et aultres droicts acoutumés de dépense commune.

IX. — Le tout quoy sera exécuté par le fermier et sa caution, à peine de folle enchère.

Est compareu ledict Jean Louys Prost vallet de ville, lequel a dict qu'il a fait la publication ordinaire de deslivrance dudict trézain et de la réception des Enchères en la présente Chambre de ville, dont acte qu'il luy est octroyé par le secrétaire.

— Du vingt-huitième de décembre 1698, à la réquisition du sieur Bienotz, scindic, Jean-Louis Prost, valet de ville, a procédé à la seconde proclamation du trézain et bandeau, à la manière accoutusmée, dont acte qu'il y a demeure ce que dessus.

— Du trente-uniesme de décembre mil six cent quatre-vingt-dix-huit, à la réquisition de Diénon, syndic, a compareu Pierre Guichenon, habittant en ladicte ville, offre aux conditions cy-dessus, donne de la ferme du treizain et bandeau de la présente ville la somme de quinze cents livres, tant pour luy que pour son amy Cherel.

Signé :

P. Guichenon.

Vincent Delorme, procureur dudict Chastillon, offre de donner du treizain et bandeau la somme de quinze cent cinquante livres aux conditions susdites.

A signé : DELORME.

— Le sieur Jacques Senoz, de cette ville, en augmentation de la mise cy-dessus, offre de donner la somme de 1560 livres, aux conditions ci-dessus, et a signé :

J. SENOZ.

— Vincent Delorme offre de donner en augmentation de mise la somme de 1580 livres aux conditions cy-dessus, et a signé : DELORME.

— Le sieur Louys Perrin, en augmentation de la somme mise cy-dessus, offre de donner du treizain et bandeau la somme de 1600 livres aux conditions ci-dessus, et a signé : PERRIN.

— Vincent Delorme offre, en augmentation de la mise cy-dessus et aux mesmes conditions, 1600 livres, et a signé : DELORME.

— Jean Cuidard, procureur dudict Chastillon, offre de donner aux mêmes donditions la somme de 1620 liv. et a signé : CUIDARD.

— Delorme offre de donner 1630 livres, et a signé :

DELORME.

— Philibert Mazuyer, scindic de Chastillon, offre de donner aux conditions cy-dessus la somme de 1640 livres, et a signé : MAZUYER.

— Louys Perrin offre 1650 livres, et a signé :

PERRIN.

— Cuidard offre 1670 livres, et a signé :

CUIDARD.

— Delorme offre aux mesmes conditions 1680 livres, et a signé : DELORME.

— Cuidard offre la somme de 1700 livres, et a signé : CUIDARD.

— Delorme, en augmentant la mise cy-dessus, offre la somme de 1710 livres, et a signé : DELORME.

— Cuidard offre 1730 livres et a signé : CUIDARD.

— Antoine Lenis a fait mise sur l'entier treizain et bandeau par la somme de 1740 livres, et a signé : LENIS.

— Guidard offre 1760 livres, et a signé : CUIDARD.

— Lenis offre 1380 livres, et a signé : LENIS.

— Cuidard offre la somme de 1790 livres, et a signé : CUIDARD.

Et attendu l'heure tarde et que la chandelle est esteinte, personne n'ayant augmenté la mise et l'enschère en ce dernier lieu offerte par Jean Cuidard, de la somme de 1790 livres, et que pour sa caution il l'offre présentement pour estre acceptée tant par le conseil que par les habittans de la ville,

Après quoy la choze dudict trézain leur auroit esté délivrée et acceptée par ledict Jean Cuidard.

## PIÈCE VI

### Conditions imposées au preneur à bail du droit de trézain et adjudication de 1739

*(Extrait du Registre des délibérations de l'année 1739.)*
*(Archives de Châtillon.* A. A. 4)

Nous Georges maire Commerson et Louis Fabre scindics modernes de la ville de Chastillon estant en l'hostel de ville dudict lieu, attendu les deux criées faictes de la ferme du droict de trézain appartenant à cette communauté, avons adjoint à Augustin Vernet nostre valet dé ville d'en faire présentement la troisième criée, ce qu'il a faict à l'instant avec déclaration que ladicte ferme sera donnée au plus offrant et dernier enchérisseur aux conditions suivantes :

**Conditions.**

1° Le droit d'ancien trézain s'admodie pour une année qui commencera demain premier janvier 1740, et finira le dernier décembre de la dicte année inclusivement.

1° Ladicte ferme se donne aux périls et risques du fermier sans aucun rabaiz pour qu'elle cause que ce soit et on n'exigera ledict droict qu'à la manière accoustumée sans prétendre aucune diminution.

3° Le fermier donnera bonne et suffisante caution de son bail toutefois agréée du Conseil, à peine d'estre ladicte ferme proclamée à la folle enchère du dernier metteur, et c'est à celuy qui aura faict la précédente sans qu'aucun enchérisseur soit déchargé de ses mises par celles qui seront faictes après ce qui sera exécutté sous forme ny figure de procèz.

4° Le fermier outre le prix de son bail donnera expédition d'iceluy duement controllée dans la huitaine conformément à la délibération du vingt-sixiesme janvier 1738, et paiera les droits de criée, expédition et controlle sur le champ et la dépense commune qui se fera en cet hostel, le tout sans aucune diminution du prix de son bail, aux rigueurs d'icelluy et sans aucune répétition.

5° Le fermier ne laissera pas de payer en entier le prix de la ferme sauf à luy d'en faire passer des mandats par le Conseil assemblé concernant la debte s'en pouvoir s'en rien retirer sous aucun prétexte.

6° Sera tenu leditt fermier d'avancer la somme de cent livres au besoin de la communauté dout il luy sera tenu compte par quartier suivant le temps de son avance.

7° Le geolier estably aux prisons de cette ville ne payera aucun droict de trézain au cas qu'il vende du vin à des prisonniers.

8° Au lieu des plombs, poudres et armes accoustumés, le fermier entretiendra la lampe devant le très sainct Sacrement de l'autel de l'Eglise paroissiale de cette ville pendant la durée de son bail, de bonne huile de noix pure, et livrera à monsieur le doyen de cette ville dans le quinziesme du mois prochain 52 livres de cierges cire fine de Lyon poid de Lyon, en caisses, et bien conditionnés. Sçavoir : un cierge paschal du poid de cinq livres, 16 cierges d'une livre pièce, 20 aultres d'un quarteron pièce, 16 aultres de douze livres pièce, 6 livres de cierges de 10 à la livre et 2 livres de ceux de 8 à la livre, dont il rapportera le receu de M. le Doyen aux dicts sieurs scindics avant la fin du mois prochain.

9° Le fermier payera sur le champ au receveur de la communauté 30 livres pour achat de 2 caisses de tambour qui seront déposées en l'hostel de ville.

Enchère :

| | | |
|---|---|---|
| Philibert Comte . . . . . | 2.000 | livres. |
| André Chamorat. . . . . | 2.200 | id. |
| Nicolas Despisney . . . . | 2.300 | id. |
| J.-B. Fabre . . . . . . . | 2.350 | id. |
| J. C. Fourrat. . . . . . | 2.360 | id. |
| Barthélemy Morel . . . . | 2.370 | id. |
| J.-B. Fabre . . . . . . . | 2.400 | id. |

Et attendu que personne n'a voulu augmenter la mise en dernier lieu faicte par J.-B. Fabre, après plusieurs proclamations réitérées, et que ledict Fabre n'a représenté aucune caution,

Nous capitaine et chastellain dudict Chastillon, sur la réquisition faicte par les scindics et du consentement du conseil, ordonne qu'il sera tout présentement procédé à l'administration dont s'agist à la folle enchère dudict Fabre faute par luy d'avoir présenté sa caution, et avons ordonné à Augustin Vernot vallet de ville de faire toutes les proclamations nécessaires qui voudra augmenter la mise cy-devant offerte par B. Morel boulanger du faubourg dudict Chastillon qui est de la somme de 2.370 livres et où personne voudrait augmenter ladicte mise

Les sieurs scindics nous requièrent que ledict bail soit délivré audict Morel.

Ayant faict appeler ledict Morel par nostre vallet de ville, et n'ayant daigné de présenter de caution, nous avons sur la réquisition des scindics et du conseil ordonné que le bail dont s'agist sera pareillement crié à la folle enschère, délivré et remis à la mise qui luy a précédé, faicte par Jean-Claude Fourrat de la somme de 2.360 livres, et avons ordonné à nostre vallet de ville de proclamer à nouveau pour demander si quelqu'un veut l'augmenter. Aucun n'ayant augmenté le bail il est délivré audict Fourrat dans les conditions dictes pour 2.360 livres.

## PIÈCE VII

**Tarif de ce qui est deub au commun de la ville de Chastillon-les-Dombes, par délibération de 1608.**

*(Archives de Châtillon, AA-I.)*

Premièrement, pour une mansoye bois qu'on amène vendre en la ville, un denier; pour une charrée de bois un fort vallant deux deniers.

Pour une charrée de foing ou paille qu'on amènera vendre en ladicte ville: quatre deniers.

Un mansol char ou charrette chargé de bléd pour chasque asnée doit de sortie un fort.

Pour quatre coupes de bléd chargées sur beste autant que si elle estait bien chargée sortant de la ville, un fort.

Pour quatre coupes de bléd un fort sçavoir est que l'on a acheté en la ville en sortant d'icelle.

Pour le crochet des fillatiers achetant du fillet aux foyres et marchés, un fort pour chacun.

Pour un dard appelé faulx en françois sortant doit un fort.

Pour un van à vanner le bléd sortant un fort, aussy bien que d'un chapeau et pair de souliers neufs.

Pour un chaudron, casserel, casse ou cassette doit de sortie chaque pièce un fort.

Pour un quintall suif ou quintall de leyne, et un quintall d'étouppe de chanvre et pattes, autant d'un quarteron que d'un quintal de sortie, un fort.

Pour deux ou trois aunes de drap sortant de ladicte ville un fort.

Pour quatre aunes de drap et si la pièce tenoit plusieurs aunes doit de sortie, un quart.

Pour le vin sortant de la dicte ville doit un fort pour chaque asnée de vin et autant pour un vaisseau vuide.

,Pour chaque vaisseau, baigneuses, bernets et bennes qu'on achète en la ville et qui sortant hors, un quart.

Pour un porc, un mouton et une chèvre acheté, sortant, un fort pour pièce.

Pour un bœuf ou vache en sortant de la ville un fort chacun.

Un cheval ou jument achetés en la ville, doit de sortie trois forts.

Du terraige hors des halles un fort.

Si sont ceux qui déplient leur marchandise aux rues et places de la ville en foyres et marchés, chacun desquels doit un fort.

Chasque marchand étranger vendant du drap en la ville doit pour chaque pièce un quart.

Pour chasque cuir, pelloux tant de bœufs que de

vaches, autant d'une douzaine de peaux de veaux, de moutons, chèvres et porcs adoubés ou non adoubés qui sortiront de la ville, un fort.

Pour chasque cuir que ceux de la ville achèteront en icelle, un fort.

Pour la perche un fort, sçavoir que chasque pièce de toille achetée en la ville doit de sortie un fort.

Pour une beste chargée de tupins qu'on amène vendre en la ville, autant d'une mansoyé ou charrette de tupins, doit de sortie un quart.

Une charrette chargée d'œufs doit de sortie un quart.

Pour fénestrage deux sols. C'est que ceux habitans la ville et ses faubougs tenans boutique ouverte, vendans et fabriquans marchandises donnent chascun tous les ans deux sols de Savoye vallans dix-huit deniers.

Les hostes et taverniers tant de la ville que des faubourgs doivent chascun tous les ans pour le droit de fenestrage six sols Savoye vallant quatre sols.

Les petits laoués, c'est que tous ceux qui acheptent des possessions tant dans la ville que dans les franchises d'icelle doivent pour les petits laoués à raison de vingt florins deux gros Savoye, revenant pour quarante livres du prix d'acquest huit sols.

Pour chasque charge de poisson qu'on amène vendre en la place doit de sortie un quart.

Pour chasque douzaine de pots qu'on amène vendre en la place doit de terrage un fort.

Pour un barrail d'huile ou plus grande quantité qu'on amène vendre en la ville tant sur charrette que sur beste, un fort.

Et finallement pour une charrette de scels et autant sur une beste doit de sortie un fort.

## PIÈCE VIII

### Conditions imposées au preneur à bail du droit de commun et adjudication de l'année 1706.

*(Extrait du Registre des Délibérations de l'année 1706. — Archives de Châtillon. AA-2.)*

Du second jour de novembre 1706, dans l'hostel de ville de Chastillon-les-Dombes, Jean Cuidard et sieur Ennemond Prost, scindics dudict Chastillon, ont dict qu'à tel qu'aujourd'huy il est de coustume de procéder à la ferme du droict de commun appartenant à ladicte communauté suyvant l'usage qui s'est pratiqué de tout temps. C'est pourquoy lesdicts sieurs scindics ont fait publier par tous les coins et carrefours de la ville par Claude Vilanier qui voudra prendre à ferme ledict droit de commun avec appartenances et dépendances, en ayant fait dénombrement et dans les conditions portées par le bail en dernier lieu délivré à sieur Jacques Senoz et Sébastien Bernard le dernier décembre 1700, et comme c'est de coustume et de l'usage du pays de commencer les fermes à chasque feste St-Martin d'hyver et à finir à semblable jour, il est dict que la ferme se donne pour le temps et terme de six ans qui commenceront à la St-Martin d'hiver prochaine et finiront à pareil jour aux périls et risques du fermier sans espoir d'aucun rabbez pour quelque cause que ce soit, et qu'il n'exigera ledict droict de commun qu'à la manière accoustumée conformément aux précédents fermiers sans y rien changer, que ledict fermier est tenu de donner bonne et suffizante caution sur le champ agréée par lesdicts scindics à peyne d'estre laquelle ferme publiée de rechef et sur le champ à la folle enchère de celuy auquel elle avait esté délivrée sans forme ni figure de procez, que ledict fermier donnera à ses fraiz extraict des pièces dans trois jours, à peyne d'estre levée à ses fraiz, que ledict fermier payera le prix de la ferme entre les mains du sieur Cuidard, comme scindic et receveur de ladicte communauté tous les ans à deux termes égaux, sçavoir la moitié aux festes de Pasques et l'aultre à la feste de Toussaints suivante de chasque année, à peyne de perdre ledict fermier la caution et d'estre contrainct par toutes voies de justice mesme par corps de donner le prix dudict bail, lequel fermier sera tenu de payer la dépense commune, ainsy qu'il est accoustumé en pareil cas.

A comparu :

Maître Anthoine Lemy, procureur audict Chastillon, greffier et curial de Sandrans, offre auxdictes conditions la somme de trente livres,

et a signé : LEMY.

Jean Félix Berthet, aux mesmes conditions, offre 35 livres, et a signé : BERTHET.

Ledict Lemy offre 40 livres,

et a signé : LEMY.

Ledict sieur scindic Cuidard en offre la somme de 45 livres, et a signé : CUIDARD.

Ledict Lemy offre 47 livres,

a signé : LEMY.

Le sieur Cuidard, en augmantant pour le profict de la communauté, offre 50 livres,

et a signé : CUIDARD.

Ledict Lemy, la somme de 51 livre,

et a signé : LEMY.

Jacques Senoz offre la somme de 60 livres, aux mesmes conditions,

et a signé : SENOZ.

Louis Mazuyer offre 63 livres,

et a signé : MAZUYER.

Et attendu l'heure tarde et chandelle esteinte, et que personne ne s'est présenté pour augmenter la mise, à l'instant est compareu ledict Senoz, lequel offre la somme de 63 livres dix sols,

et a signé : SENOZ.

Et attendu l'heure tarde, chandellette esteinte et que personne n'a voulu augmenter la mise en dernier lieu offerte de la somme de 63 livres 10 sols, prix de la dernière enchère, ladicte ferme a été expédiée et délivrée au dict Senoz, pour le mesme prix et somme, payable ainsy qu'il promet par obligation de la personne et biens au temps, terme et conditions apposées au présent bail, dont acte faict en hostel-de-ville dudict Chastillon, en présence de Gabriel Favre, chirurgien dudict lieu, et Louys Mazuyer, habitant dudict lieu, soussignés avec le sieur Senoz.

# TABLE

BOURG, IMPRIMERIE DU « COURRIER DE L'AIN »

www.ingramcontent.com/pod-product-compliance
Ingram Content Group UK Ltd.
Pitfield, Milton Keynes, MK11 3LW, UK
UKHW020408190726
13838UKWH00006B/176

9 782019 937317